U0546392

啟程，同感脆弱的世界

鐘偉倫——著

DEPARTURE
FROM / TO
FRAGILE
WORLD

序

活下去，脆弱的我們

回到台灣後，我便放棄了旅行。

我把那次在東南亞的遊歷視為人生最後一次長途旅行。回到台灣後的我，不時想著：「再也不可能長時間旅行了。」然而，我仍然可以在腦海中回放，那一段在路上的時光。

常聽人說，「**旅行會改變人的一生。**」但這句話對我沒有意義。

本來，一個人不管做什麼，它或多或少都會改變一個人的一生。

真相是，我們總是低估「改變」這件事所需要付出的代價，而改變沒有那麼廉價，不經長久努力，不存在的夢不會因為去過某處、旅行了多久，我們所期待的自己和生活就自動變成真的。對雇主來說，我是沒有資歷的人。在台灣，每個經歷過長時間旅行的遊子，有義務向雇主證明，這人不會哪天想不開又拋下一切再度啟程。

領著僅有國外三分之一薪水，感激著接收親戚汰換轉贈的摩托車，我開始在臺北討生活。收入剛好打平開支，若偶爾車壞了需要修理，在領薪水前十天便得吃土。無償加班後一回到租屋處，看見客廳的椅子，癱坐在上面一個小時後，才有力氣走回自己的房間。

大家都很辛苦。很多人過著跟我一樣的生活，因此抱怨也無濟於事。

所以我更需要那段長假。回憶起那段旅行的日子，對比現實，益加甜美。我可以就這麼活下去，雖然這段逃避現實的經驗並未改變每日在下班後耗盡，為了續命以便明天打卡，而癱坐喘息。由短期看來，旅行對我一生的改變，是零。

聽長輩的吧，他們是對的。

多少個挫敗的夜晚，掙扎求生，真的如此艱難？

常聽人說，「**旅行回來，很難融入現實**」。這也不是真的。對我來說，長時間在國外，回來面對的現實更加嚴峻，不存在可以「不能融入」的選項。偶爾想到，若是選擇繼續旅行不回台灣，至少還是可以暫時延遲融入台灣社會。當人重新融入主流，慢慢地，回到工作地獄節奏的人，為了避免還在羨慕那些還在旅行的人，開始對選擇仍在世界各地旅行的人作出價值判斷。「真好啊，他到底靠什麼生活」，像這樣，若無覺察對旅行者的各種批評，都建立在各種基於臆測而下的結論：「有錢真好」、「就是在逃避」，或其他根深柢固的刻板印象，我們選擇迎合被現實侷囿於小島上的主流意見。因為，這樣不是更加輕鬆嗎？我知道這時，只要順著走就好了，讓自己的心智重新被社會價值洗版——歡迎回到正軌。

但我已經出去過了。我再也不能佯裝不知，那些持續流浪在外的人，只是單純追求自我更好的可能。而我選擇留在這裡，未必會更好。為了驅除自我懷疑，我在心中不斷告訴自己：「繼續幹下去，或許也沒那麼糟。」

數年後，我掙扎求生的努力初見成效。那時，第一本書即將出版。我不安但興奮地榨取本已極少的存款，抱著期待及罪惡感交織的心情，重新啟程。這次不用再拋棄一切，因為由幾週至一個月不等的旅行並不算太長；也不用換工作，因為沒正職工作；不用再從零開始，因為存款雖不是負值，但也多不了多少。

關於勇敢上路或自我探索這些個人議題，夠了。連出去玩都要勇敢，這實在說不過去。在我看來，留在台灣掙扎工作養兒育女，那才叫勇敢。

他人看來啟程的勇氣，不過只是聽見遠方的召喚，而自然做出的回應。

因此這次，我想換個角度，不再向內觀察自己，轉而向外觀察其他國家的人，那些和我一樣未必極端困苦，但也為生活掙扎的普通人；以及跟我一樣的其他旅行者們，他們如何在旅途上生活。關乎於旅行路上一些不夠吸睛，**普通到容易讓人忽略**的事物。

在閱歷了世界的一部分後，所有旅人將會體悟，這個世界會不斷拿走意識型態固定不變者的足下之地。不加質疑地認為自己絕對安全的人，安逸讓他們深信不疑，同時足下之地卻如流沙般被掏空，為了維持穩定，看待冒險也就越趨保守。旅人則不同，他們得接受世界不斷改變的本質，並讓其撼動自身。不能讓累積的旅行經驗，固化自己先入為主的偏見。

世界變化太快，而且流通不夠透明，沒有人可以定義世界的樣子。因此，假裝自己所處的環境永遠不變，這可能不是個好的策略。凡是對過去稍有認知的人，就會知道歷史的發生從來不跟著多數人的認知決定。

嚴格來說，我在這本書中所去的國家，很多國家不算弱小，甚至也有區域強國。但是為何用「弱」，是因為中文沒有更好的形容詞。或許，照英文的定義「fragile（脆弱的，易碎的）」能夠較精確形容這些國家的屬性。與我們所樂意造訪歐美日韓等國的文化和景觀相比，可想而知若無重大意外，百年之後他們保有現在樣貌的機率還是更高些。在這些我們所不熟悉的國家中，美好舊事物正默默消逝。消逝的原因，比起國家因弱小而造成的戰亂和動盪，反而更多是因為，在這些國家追求發展的道路上，珍寶被當作舊時代的糞土而清除。

「脆弱的世界」對我來說是「較少報導或宣傳，且由於經濟發展或政治、國際局勢影響，使驅動我們到訪的那些美好事物難以長久維持的國家。」而生活在這些世界們的住民們，並非缺乏見識和開放性而脆弱，而是脆弱使得他們必須靈活適應以求存。我所說的不是那些陷於戰爭、饑饉、犯罪、毒品和種族滅絕等極端狀況下的人們。他們並非不值得被關注，而是我目力所及，與地下世界的距離跟與上流社會的距離一樣遠。那是另一個世界——軍人、援助組織和政治掮客的世界。而我，一個喜歡旅行的普通人，範圍內可見的世界是跟我們一樣（適度地）掙扎求生的人：在各類型的遊輪上環遊世界工作的菲律賓女孩、遠至非洲的中國開路工人以及被排除於中國資本金流之外的人民們、東南亞華裔小商人、被美國封殺的伊朗博士生、與兩億人一起擠在彈丸之地的孟加拉旅遊從業者……也只有在這脆弱的世界，最能考驗人類的適應力。我被這種生存之堅韌折服並認同，因為在活下去這一條路上，我們全都沒有不同，不過不失，我們一樣脆弱，也一樣靈活。

不管如何，身為脆弱者，唯一的優點，就是只要考慮一件事就好。

我們一起掙扎，一起活下去，一起尋找一條道路，讓我們至少可以過得還不錯。

1 菲律賓

拉丁的亞洲

PHILIPPINES: ASIAN LATINOS

菲律濱華人的歷史，始於「八連（Parian）*」，
西班牙人藉由將精於手藝與生意的華人
封閉在狹窄的隔離區，來達成完全控制。

作為北方巨人的中國，
散溢出的枝葉到了當地，則成鉅富。
也是刀俎上肥美的魚肉。

* 八連，又稱岷倫洛（英語：Binondo），馬尼拉市內主要居住著菲律賓華人的一個區域，亦是全世界最早的唐人街，始建於一五九四年。
而八連（Parian）是西班牙人最初限制中國移民活動的區域。因為這裡處在王城區的火力範圍內，統治者能在這裡防止華人勞工的任何抗爭。
該區是所有由菲律賓華商經營的各種類型的商業與貿易的中心。岷倫洛區在西班牙殖民者入侵之前就已在一五二一年成為華商人的商貿中心。

收音機正播放Mark Ronson的〈Uptown Funk〉，計程車司機口中跟著旋律輕聲哼著，搖動著膝蓋打拍子，同時在水洩不通的車陣中，用腳底板賭氣般地小碎步急踩油門。司機不耐的神態，迥異於這首歌曲傳達出來的歡樂與奔放。

在菲律賓，美國音樂統御當地流行市場。若非刻意尋找，很難有機會聽見塔加洛語音樂。

馬尼拉在東南亞各國的首都，比起河內、曼谷或雅加達，看起來更像亞洲的罪惡之城。與曼谷呈現出悠散閒適的觀光氛圍，或者雅加達追求進步、混亂卻富商業氣息的氛圍不同，馬尼拉，也許是印象中東南亞極少數犯罪率堪比南美的城市。這裡缺乏一般東南亞大城市所見到的舒緩。馬尼拉似乎除了具有東南亞的雜亂與活力，還包含了南美的性感及危險。雖然披著亞洲人外皮，但是菲律賓人是東南亞最西化的。先不提西方流行音樂文化在此暢行無阻，除了他們的西班牙名字，連穿著以及體育也相當程度的西化，甚至還出了一位世界拳王兼參議員。

但我不是因為這樣才在機場長椅上睡覺，而是因為我唯一能負擔的機票，只能是紅眼航班的淡季促銷。

尚未天亮前不出機場，是過去背包客們窮遊時心照不宣的共識。

即使只是一個多小時的航程，我需要掙扎求生三年才抵達。

我雖然沒有金湯匙，但是幸虧投胎在台灣，存點錢總不是那麼困難，願意沒日沒夜工作就行了。

而既然已經花了三年還清過去欠下的債，那麼，再花三個小時等待天亮，又何難之有？

1.1 碧瑤／人生低谷後的第一印象
Baguio/First Sight

碧瑤（Baguio）的大學城氣氛濃厚，一千五百公尺的海拔，令我想起越南的大叻。七月，正處於濕潤的雨季。在坡道巷弄間，上方的雲霧和飄雨，給這座城市帶來一股混雜陰鬱的清新。在不合時宜的雨季抵達菲律賓並非明智之舉，但卻也因此隔絕了大批的觀光客。

觀光客的淡季就是詐騙集團的淡季。在菲律賓只要離開馬尼拉到任何其他城市鄉村，都能輕易地敞開心胸，看著、關注生活在不同土地上人們的日常。這座城市的核心區域遍布眾多坡道，不管在人工湖或教堂、市場、大學或是百貨公司，都是上坡下坡不斷地走動。這裡的人似乎不曾考慮過纜車？也許政府沒錢考慮，又或是市民習慣走路？或者，就只是隨便怎樣都好嗎？

第一印象，完全可以決定一位旅人對一個國家的好惡。這也是我經常一抵達首都就急著離開的原因之一。我不想讓首都塑造我對這個國家的第一印象。除了新加坡外，首都通常是跟那國家最不像的地方。雖然印象永遠失真，但人們還是經常從首都來定義一個國家。

我希望可以告訴我的朋友：「是碧瑤給了我對菲律賓的第一印象。」

這個第一印象是一座有點隨意、無序、看不出特色的山城。雖然是「高山省（Mountain Province）」的首府，但海拔並不算太高，好像是隨便走到一個山凹，然後部落首領說「我走累了，我們在這裡安家吧」似的，不疾不徐、沒什麼邏輯定居下來，日子一久倒也相安無事。這裡，對我們來說，除了是一個便宜學英文的地方，似乎沒什麼特別吸引人的亮點。

至於菲律賓人嘛……以亞洲人的標準而言，不懶惰，但也稱不上勤勉。絕無泰國人那般殷勤暖語，但也不到兇惡心機的程度。賣東西就算有點小抬價，也絕無法與印度金三角觀光區的小販「開這價格你唬我啊？」那般一望即知的敲竹槓相比擬。菲律賓人什麼都不說，但是因為在海外打工的人口比例實在太高，因此相較之下比很多國家的人們更加見多識廣、世故老成。

他們之中的有些人，是否因為見多識廣，而把這種優勢用來便宜行事？「我看多了」的老道，有時卻是不把事情做好做滿的藉口。當然，每個國家都有這種人。只是，菲律賓沒有台灣那麼多賺錢機會，自然也少了一些努力的誘因。這個國家的貧窮者眾多，各方面必定也有人在力爭上游，只是環境使得他們力不從心，而沒有餘力追求自身的發展。

是太久沒有出國了嗎？

我理解，碧瑤並不擔負我對於這個國家的第一印象好壞的全責。畢竟這負擔有點重，擔負「旅行重啟」的第一座城市就好。只憑這點，就算此處景色跟我家巷口一樣，說不定我也會在記憶中加以美化？畢竟，若不從事旅遊業、網紅、老師、暢銷作家等能夠騰出大段時間出國的工作，除了籌措旅費之外，請長假出國也會是一個很大的難關。在這幾年，我深刻體會那有多不容易。所以重新啟程看到第一座城市的滿足感，其實只是剛離開人生低谷後的一個小小里程碑的轉換。

1.2 卡巴延／獵人的哲學
Kabayan / Hunter's Philosophy

由碧瑤開往卡巴延的老舊巴士一邊發出「噗茲」、「噗茲」的聲音，一邊噴出燃燒不全的黑煙。隨著車子慢慢往山裡行駛，體感對於氣溫、濕度、以及空氣的清淨度，肌膚對於細微變化連續性的感受逐漸明確——海拔一路上升，公路窄小彎曲，周邊的樹木植被，以及像是原住民的當地人上下車的過程，像極自己搭著「台灣好行」巴士，成為週末登山客的一員，前往中央山脈。

我坐在巴士的最後一排座位，對上車的所有乘客一目了然。我留意到坐在前座一位體格狀碩，相貌粗獷但紋著細眉的男子。「那眉毛是拔的還是剃掉呢？」，雖然眉毛增添了某種不協調的陰柔，但也許這也是男子氣概的另一種形式？怎麼說呢，不管是留著大波浪長髮的搖滾樂手們，或者賽車電影中的光頭猛男們，雖然頂上風光極為不同，最後卻仍殊途同歸。

也許，「男子氣概」的標準，是由與社會普遍的偏離度多巨大而定。以這個標準來看，最缺乏陽剛氣概的，應該是我們這種被豢養的一般人吧？

帶著奇特眉型的壯漢，以略微滑稽襯托不協調的陽剛氣息，反倒強調他「厲害角色」的印象。武俠小說的角色典型，隱逸在山林的高手，若不是樸素到完全不會被注意，不然就是引人注目到難以忽視。物競天擇不允許基因做出多餘浪費，在現代社會的碾壓下，就算是偏僻的山區，異樣的造型只會造成更多麻煩，能夠持續維持獨特的外型，無論如何也不會是泛泛之輩吧，我想著。

抵達卡巴延，那位高手和我同時下車，往不同方向分開，反方向的我走去民宿，在完成入住手續後向旅宿主人提起想去看木乃伊，旅宿老闆打通電話，說有認識的嚮導。不過五分鐘，「武林高手」再度出現。我恍然大悟。

或許世上沒有巧合，尤其身為外國人的我，比當地人要顯眼得多。若被一路追蹤到此處也不奇怪吧。

菲律賓的第一大島，呂宋島中部的山脈地帶，是當地原住民伊巴洛伊人（Ibaloi）的棲息之所。就算在西班牙殖民者到來很久之後，他們仍然保留著濃厚的泛靈信仰，尤其是以「懸棺」保存死者的墓葬傳統。

隔天一早，我和這位嚮導出發，向上攀爬海拔一千兩百公尺，前往山間深處，海拔兩千四百公尺的「蒂姆巴洞群」，去探訪千年傳統中木乃伊的埋骨之所。

這時去看深山裡的木乃伊真是一個餿主意，七月是菲律賓的颱風季節，我們在通往山頂的迎風面，接近山脊的斜坡上步履蹣跚，每每連人帶傘地被吹離山脊。未帶雨衣的我還試圖在颱風天開傘於迎風面行進，這愚蠢的決定讓我差點整個人被吹走，期間還不時需要跳過被吹垮的泥土路。

「跳過來啊！」嚮導若無其事地喊著，就好像一公尺半，三公尺深的裂縫是路旁的小水溝一樣。而我久居城市的蒼白大腿，用左右輪流抽筋來答謝這趟久違的海外之旅。

我在心裡自問自答，幾年前上山下海的經驗和體能，竟然已經全部歸零了，當初比這更辛苦的行程，怎麼就沒抽筋呢？放棄是個好選項，畢竟又颱風又抽筋的，還有一千兩百公尺的垂直高度呢！

在人跡罕至的危險場所，遇到體力透支或是遇上壞天氣等總總不順。不過這些都並未減損我愉快的心情。說不定，這種久違的不便與麻煩，正是我這次所需要的？但風雨益加猛烈，讓很久不曾重溫的愉快心情也隨著無止境的上坡逐漸消逝。想看木乃伊的好奇心，再次被抽筋的雙腿不適所覆蓋了。一直走著，走著，用盡全身的力氣來減輕腳步的負擔，嚮導如今存在的意義，只是為了在不用腦的緩步前行之下，為避免跌入山溝所做的保險罷了。

直到轉入了某個雲霧繚繞的背風面，那無處不在的風勢消失了，雲霧也化為細雨而消融於土中。我看見嚮導手裡拿著鑰匙，打開某個山路叉口交匯處洞穴的鐵門。我隨著嚮導彎低了腰走進黑暗的洞穴，但一習慣光線，就發現那只是個擺放大約四到五具棺木大小的低矮土室。空間內部十分的乾燥，與洞外的潮濕形成了明顯的對比。嚮導相當隨意地打開了棺材的上蓋，我從未如此近距離毫無遮蔽地，猝不及防地看見了木乃伊，第一個想法不是覺得恐怖或者興奮，而是感到抱歉。

我在心中想著：「**對不起真是對不起**。你或許還要持續被我們這樣的不速之客打擾，一次又一次。」

我問嚮導：「近年還有人在製作木乃伊嗎？」

他說：「不再有了，現在人們過世後都是土葬。這種方式太費時，沒有人會這麼做了。」「所以，不會再有新的木乃伊了？」我問。

「是的，不再有了。」他重複一次剛才的回答，像是要強調它的珍貴，但又不知怎麼拿捏一般。但我看著他，明白了一件事。

位於海拔二四〇〇公尺的墓穴入口。

他也和我一樣，都只是被**釘在自己土地上的營生者**。

沒有保護，沒有維持，沒有景點介紹牌或是門票收付處。此地一切的經濟產出，大概是從幾個喜好探險的背包客雇用了當地人**帶看**木乃伊開始，這種如同房仲帶著看房般的營生成了一種日常，進而變為卡巴延價值最高的產業。目前，他們還沒有把流程跑順。這點，從木乃伊的墓葬所看得出來，除了在山洞前加裝鐵門外，幾乎沒有任何觀光的痕跡。如果有點錢，品味庸俗些，不搞個羅馬三層多利安柱式加裝環狀展示廳，感覺都對不起這文明遺產。

在薩加達的經驗則輕鬆許多。「懸棺」就高掛在村莊的主幹道旁。只要有長鏡頭，每個人都可以把懸棺拍的一清二楚，就算大費周張地接近，多半也只是距離跟角度的不同。或許正因輕鬆，才讓此地成為背包客的天堂吧。若是往旅館向外走個五分鐘，輕鬆就能看到最具特色的文化景點，那麼何必舟車勞頓走到雙腿抽筋？

當我一開始旅行時，我以為自己想要看的，會是那些宏偉景點。不過很快我就知道那些景點很快就會淡出，越特異、越辛苦的經驗，記憶反倒越深刻。

景點，不過是出發的藉口。

看到所欲之物的美景，只占經驗的一小部分。錦上添花固然好，若情況未如預期，經驗仍然會緊緊跟著你，成為你血肉的一部分。看到景點比起體驗過程來說，往往不是那麼重要。

這點和不問過程，只看結果的現代商業社會運作模式極為不同。

薩加達村莊周圍的龍棉埋葬洞穴可輕鬆步行抵達。沿著棺木旁的通道走去，直向深處蔓延的黑暗所覆蓋的地下洞穴，在薩加達探險別有一番樂趣，能夠提供木乃伊外的另類經驗，在視覺上比起千辛萬苦才抵達的蒂姆巴洞穴所存放的僅僅幾具木乃伊更加嘆為觀止。不過相較起在卡巴延，薩加達的經驗卻無法為我提供啟蒙。這裡吸引我的其實只是，在此閒晃無所事事的懶散氛圍。「懸棺」則成為聊備一格的附帶之物，即使那更有可看性。呂宋島能提供無所事事氛圍的遊客集中地並不多，對旅人而言，這可是跟景點一樣重要。

呂宋島北部國外遊客不多。其實這裡並不難抵達，但幸虧大部分旅人都被美麗的海灘給吸納了。對於現在在長灘島度假的遊客來說，高山省的消費相當低廉。在午後的吊床上喝著生力（San Miguel）啤酒，感嘆世界的美好，以及暫時拋開度假結束後等著我的煩擾……下一步呢？

若沒有美好的悠閒，人們將無法退後一步，從一段距離外，客觀看待自身所處的艱難。

薩加達的龍棉埋葬洞穴，數以百計的棺木被放置在這裡

念研究所時，有一位令我印象深刻的教授。他矮小、壯碩、留著寸頭與捲曲的下緣鬍鬚，經年穿著三宅一生的無袖皺摺上衣和川久保玲頹廢風格的破外套，並與多色圍巾搭配成某種奢華的丐幫風格。他著迷於色彩濃重、神鬼仙的妖異之物，創作融合自動書寫與魔幻寫實，文學風格與本人一樣濃重。看起來像瘋子的他，教的卻是最嚴謹的建築。

我心想：原來有時**怪異的人距離瘋子最遠**。因為瘋狂的人缺乏首尾一致，無法「將瘋狂進行到底。」能夠無視於社會的約定俗成，而且貫徹執行數十年如一日，那需要的是極端的理性。

在一次課堂上他指定某書讓研究生做報告，而同學面面相覷，無法理解他的用意。

這本書雖不艱深，但預言般的體裁奧妙難解。一直到開始周遊各國之後，這本書中傳達的內容，才對我產生啟發。這本書是《巫士唐望的世界》，超自然與靈性的結合的啟蒙之作。

我一直記得，這本書中關於獵人的描述，有著最精簡而直入核心的描述：

成為能捕獲獵物的獵人（的核心），並不在於他善設陷阱，也不在於他知道獵物的固定習慣，而是在於他自己沒有例行公式般的習慣……他不像他的獵物，被沉重的固定習慣以及可被預料到的古怪癖性所束縛住。獵人是自由流暢，無可預料的。

獵人與獵物，隱喻了人在這個世界的位置。短短一段話，便將以狩獵採集糊口的獵人，升格成了以狩獵作為心靈修煉的「追蹤師」。我們若不是獵人，就只能是藉由長久的習性留下氣味的獵物。以為擁有好工作，高薪水的自己，就是這個世界的獵食者？

但若缺乏了不可捉摸的流動性，以及不可取代的特異性，最終，仍然會被食物鏈中的更上層，跳脫習慣制約的真正「獵食者」所捕獲。

所有人類都以成為獵食者為目標。無論藝術家或企業家，甚至只想一生流浪的旅人，所有人都會為了不成為獵物，而不斷挑戰面對自身習慣中的漏洞。

用最簡單的話來說，就是跳脫舒適圈。

在前次大旅行，我認真面對獵與被獵的問題。而回來的這幾年，我卻對他人產生好奇：

他們，為何啟程前往家鄉以外的地方？

有一首歌叫《旅行的意義》。我們想像，從旅行中可以找尋到某種意義，因為出發的原因，經常是原來的生活太沒有意義。而意義，不是從A到A＋，而是從零到一的突變。對於年輕人們，A到A＋的世界觀是穩定的工作、穩定的關係、穩定的社會階級，而且還要優化再優化，總之就是主動**給出到自己再也給不出、需索到再也要不到為止**。

而從零到一不需要優化，只有全有和全無。我不是獵人就是獵物，不是在家裡，就是在路上。旅行就是作出選擇，放下手邊的一切事物。必須先歸零，才能得到某種自己不知道的一。

我有點後悔，沒有和當時在路上遇見的背包客們，聊聊這些抽象的大哉問。因為我那時只專注於自己，就跟很多辭了工作去旅行的人們一樣。僅僅是十年前，那時亞洲的風氣，若不是失戀或工作上遇到了牆，很少沒有明顯的原因就隨意出發個一年半載。沒人規定出走需要理由，但對亞洲女性來說，理由不但需要，而且經常是必要。然而神奇的是，即使受到的阻礙更多，在路上的亞洲旅人，仍然遠遠女多於男。

現在還是有人會這麼想：

旅行，是西方人的天賦人權，不是我們的。我們想出走，最好還是跟祖先十八代報備，並找出至少五個積極意義。行動上要認真工作證明自己有資格。最好是在高科技業上班的電子工程師，行，偶爾去度假吧。在超商做大夜班，那就省省吧。好好存錢養活自己就好……。

旅行對西方人未必就那麼天賦人權。他們一個接一個地迎接他們的 Gap Year，只是因為那是他們在進入這個獵與被獵的社會前的最後一搏，他們想逃脫捕獵的路徑。但最終，他們仍會回到可被預測的軌道中。這一點，東西方並沒有什麼不同。我們都一樣，是「因為有家可回，所以出發」的一群。

那些被遺漏的、逸出路徑的少部分旅人，他們的人數雖少，但難以被忽視。比起一般人，他們更常被關注，且紀錄。像《阿拉斯加之死》那樣……在獵人的定義中，成為不可被預料，也無法被世界所定義、追蹤及掌握的人。

這件事很難。對於平凡如你我，若不用某些強制的方式（比如長時間的窮遊），我們一生都會活在可預測的軌道之中。但對於某些人來說，他們做起來似乎比較容易。

並不是只有**松林學校的追蹤師**可以辦到這件事。只要遠離城市，全球的原住民都長得很像。並且與外表相稱，他們或多或少，都是一系列分布在由獵人到追蹤師這面棋盤象限上的棋子。追蹤者的基因深刻在他們的腦海中。被真正的獵人盯上的獵物，痛苦只有死前的一瞬間。

那跟印度嘟嘟車司機亂槍打鳥的狩獵方式大不相同。獵人有那種因其精準而產生的優美。

雖然對生活於山林中，或原始環境的獵人們有諸多相似溢美的感懷，但獵人們也正在被資本系統捕獵。事實上，整個資本社會的建立，便是立基在捕獵獵人，再將獵物據為己有的體系中。這種體系可說是獵人的天敵，在大部分情境中，並不需要像過去一樣真的去殺戮，而只要弱化——或許菸和酒就足矣。一位缺乏可預測特質的偉大獵手，完全無法在城市謀生，並相對缺乏尊嚴……那又是另一個層面的問題了。

但獵人必然還是更為接近人類應該要活成的樣子。

大部分浪遊世間的旅者們，多半都明白這件事。

通常，歷經長期旅行的旅人回國求職所遭遇的困難，是來自於世界觀鬆動，而暫時離開了自己的位置，成為「無法被掌握」的人。雇主有著不知道「要把你放在什麼位置」的尷尬，而對於歸國的旅人自身，則一直有著「這真的是我想要的嗎」的欲拒還迎。

我想還是後者多一點吧。

我，並不想一年三百六十五天，天天在路上。因為，過多的旅行，同樣可能讓自己在落入急欲逃離被職場豢養的陷阱後，又成了追逐景點的獵物。而恐懼平庸的人生，正在後面獵捕你。

1.3 巴納威／異國戀情

Banaue / Cross-Cultural Relationship

「Yes, 1,2,3！Good！」摩托車司機幫我拍下了我和二十元紙鈔的一張合照。正確說來，是把我和二十元紙鈔背面的水稻梯田，跟背景的水稻梯田合照。巴納威（Banaue）水稻梯田的名氣，經由紙鈔的加持被認證了。

加入了更為壯觀的巴塔德（Batad Rice Terrace）水稻梯田以及周邊的基安甘（Kiangan）、梅奧瑤（Miaoyao）、洪端（Hungdung）更為美麗，包含這數座梯田的這整個區域，被稱為「科迪勒拉山脈水道梯田」。由於是居住在此區的原住民伊富高人的灌溉區域，又稱為「伊富高水道梯田」，於一九九五年被登錄為世界遺產，在二〇〇一年卻被列入「瀕危世界遺產名錄」。

原因很容易理解。直接因素是為了發展觀光導致水土保持與過高的遊客乘載量造成的。表面上是發展觀光造成的問題，若減少觀光發展或許可以使問題獲得緩解。但難以被緩解的因素，則是當地年輕人為了尋求更好生活而移動到大城市，造成了當地的空洞化。因為當地沒有足夠的機會讓他們留下來發展。就這點看來，發展觀光可以是一個解套的辦法。這些問題與解答交織在一起環環相扣，造成了世界遺產的困境。若無配套，伊富高人的傳統，可能在一個世代之後便會荒廢，甚至消失。

水稻梯田作為世界遺產的珍貴之處，便是因為這整座灌溉系統，只能依賴傳統人力加以維持。她的地位，建立在一種微妙的平衡之上。稍一不留意便會消逝。這也是聯合國教科文組織（UNESCO）得以存在的理由。既被稱為遺產，肯定不是現在進行式，而應該是死亡的東西。既然死亡，遲早消逝。

不過站在這片翠綠而令人心曠神怡的梯田間，我感受不到這整座山脈代表的文化遺產有多麼脆弱，而這也是全世界大多數世界遺產共同面臨的難題。看來賞心悅目的美好景象，只要一時半刻缺乏維持，或者後代決定殺雞取卵；或者有權有勢者決定開發；或者恐怖份子決定炸毀……最根本的原因，是維持它們，總是必須依賴當地人的貧窮和低下的生活品質。只要稍微再多一點壓力，維持者就會立刻逃走前往大都市，或者為了一點微小的利益而出賣寶貴的遺產。以政府的角色出面發展觀光雖是最立即的解套，然而，維持盈利與保護中間的界線拿捏，則需要高度的教育水準與對傳統文化的熱愛。但兩者都無法讓他們過好生活。

只有活下去才重要。雖然，菲律賓人夠靈活，可以適應任何環境。他們保持一種危險的平衡，持續地死去卻不消失，撐著，直到活得夠好以致於有餘裕可以回過頭來保護這片過去養活他們的傳統，如同子女奉養上了年紀的父母一般。

在前往巴塔德梯田的路上，我遇到了一對年紀相仿的情侶。年輕的德國人和稍長的菲律賓女子的組合。這種組合一向常見，罕見的是他們年紀相仿。表面上看來，他們的相處沒有任一方展現出勉強順從的樣子，完全不像在東南亞各大城市看到的那類，穿著「I Love Pattaya」標語T恤的中老年白人，身旁跟著矮小而亦步亦趨的當地女性。

這些國家的當地男性，難道不會想著：「為什麼總是這樣，而不是**反過來**呢？」

菲律賓女孩錯認我是同胞，熱情向我打招呼。

這是我在東南亞暢行無阻的祕密。我是皮膚黝黑，擁有南島語系波里尼西亞外觀隨處可見的亞洲男性。這使那些會發生在外國人身上，屬於東南亞的刺激和危險，在我身上，只會弱化為輕微的詐騙行為。

他們認出我的口音不是當地人。在我自我介紹後，他們也介紹了他們自己。

他們是在豪華遊輪上認識的，女孩是男孩船上的「學姊」。德國男孩只藉郵輪工作用來體驗世界，而體驗世界只是女孩賺取收入的附帶產物。不能說誰比較划算，男孩在體驗人生的同時，也收穫了愛情。而女孩在藉由工作獲得收入時，也順道累積了好好體驗這個世界的經驗值。

德國男孩半認真半哄著女孩陪他回德國去，而女孩還想在郵輪上多工作一陣子。我以為，女孩會期待地想跟男孩一起回去歐洲。不過，女孩比我想的更不急。

「妳不想去德國看看嗎？」我問。

「不。我想去全世界！為何要只去德國呢？」她回。

她是這樣的。我問過她好幾次了。他的德國男友半像是無可奈何，半是寵溺的語氣笑著說。

異國戀情的神話廣為流傳——白人擇偶**全面碾壓**其他種族的效應今天已經不再無敵。身心俱醜的白男分享在亞洲夜店把妹連戰皆捷的威爾鋼式故事，也許至今仍然發生，但是藥效越來越短。亞洲女孩認識外國人越來越容易，因此對於西方的費洛蒙早已有了抗藥性。

最終，異國戀情的結局跟本國戀情沒什麼不同。這是一對常見的歐亞異國戀，而他們的互動跟國籍無關。以他們的例子說，女孩熱情開朗，男孩友善但話不多。這並不只是個性使然，女孩比男孩有更多生存經驗，和更多的街頭智慧。雙方相處上「平等且平衡」，但相較之下還是出生在菲律賓的她

前往水道梯田的路徑

更為機敏。

因為求活，需要**全面性地平均善用所有的資源**。

在傳統與開放交雜的文化條件下，在東南亞人群之中，菲律賓人相對具有高度的現實意識，可以說是某種國際觀。由於高比例的國民擁有在世界各國打工的經驗，對於本國之外的世界相當熟悉。他們有高出東南亞平均水準甚多的英文水準，受到較少特定意識形態的控制，是一半拉丁式的開放與一半亞洲式勤奮的結合，這種種一半一半的折衷混合，使得他們相對東南亞其他國民來說見多識廣，雖然他們大部分被限制在中低階的服務業領域，然而還是有很多人善於把握機會，求取生活與經濟的平衡。在生存智慧上，他們優於我們。除了不需要呼吸低階工作沼澤般低窪的空氣，我並不覺得自己比他們優秀多少。

我看出了這對如膠似漆的情侶需要空間。向他們道別後，由道路岔出去，走了一個多小時後，才抵達如同大劇場般梯田環繞的巴塔德水道梯田中央的民居。此時已走上紮實的幾個小時，若要走到後方的瀑布，來回又得再增加一個小時。但走在田埂之間，被人工修整的美麗自然所包圍的暢快感受，很容易又會忘記痠痛的膝蓋跟小腿。在梯田正中央用簡易鐵皮蓋起的幾戶民宅和一座教堂之間穿梭，接近後，才會發現梯田的每一階都比人還要高，也感受到這裡過去曾是多麼陡峭，不可能為人所用的地方。

到了夜晚，我住在巴塔德如大劇院般展開的扇形梯田邊緣高處的傳統高腳屋內，聽著屋樑上老鼠移動的聲音，並在屋內的木地板上踩到了一隻青春期的蟑螂。這裡的蟑螂如此乾癟而閒適，跟城市裡總是腦滿腸肥、久經世故、擁有油亮翅殼的巨大同胞，幾乎像是不同的物種。鄉下的蟑螂，似乎就跟鄉下人一樣身心潔淨。

「享受與自然融為一體的傳統住宅要付出代價。」我對自己說。但我也只是用棉被覆蓋住自己的耳朵，避免它們成為老鼠的點心。早晨，透過窗戶向梯田看去，冉冉上升的霧氣像是可見的音符，隨著空無一人的田間劇院而上升，那也許是來自於每一次彎腰集合成的數萬株稻穗，隨著早晨露水的重量而下彎，直到露水滴下後彈回所發出的音符。而位於田中央鐵皮蓋成的教堂十字，像是指揮棒一般地架在那裡。

梯田正中央的小教堂

1.4 馬尼拉／華人的來生

Manila / After Life for Chinese

不管其中的關係是威脅、朝覲或是教化，東南亞人的命運，永遠無法脫離與「北方巨人」中國千絲萬縷的關係。何塞．黎剎（Jose Rizel，一八六一年～一八九六年）一位有華人血統的菲律賓醫生，以其生命啟蒙了菲律賓的獨立。

華人在東南亞占據經濟上的優勢，這種優勢是以放棄政治參與所換得。一般來說，東南亞當地人對華人的看法，大概就類似過去歐洲人對猶太人的看法。在菲律賓，這些沒有藉由參政改變國家機會的華人們，轉而將所賺得的財富投注在死後。我在位於馬尼拉市區五大道和 Abad Santos 捷運站之間的華人墓園，看見他們如何試圖將生前的生活方式延續至未來。

在馬尼拉不太容易看到菲律賓的華人傳統。這一點跟東南亞其他地方很不一樣。

或許是被迫改信天主教所能夠獲得的，與維持華人生活的劣勢落差巨大，也或者是躲避當地人對華人的排華傳統，或者其他種種原因，使得當地華人對於華人文化的認同感低於隔鄰的其他國家。

華僑義山

而做為補償，死後的人生展現（After Life Representation）——**華僑義山墓園**——天主教巴洛克式的玫瑰花窗與鑄鐵窗框，在那華麗外觀內的廳堂正中央，放置著以磨石子與水泥砌好的方形外棺，其後是中國式的牌匾與香堂。通過玻璃窗往內看去，兩旁甚至還有冰箱和風扇，若空間足夠的話，也許偏間還會加上廁所和盥洗設備——就好像祖先的木乃伊半夜真的會從棺材裡爬起來用這些設備一樣。

但錯落在這些富有的華人祖先各式設備一應俱全的別墅旁，周圍尚未被建造的土地上，是當地人隨意搭蓋，各式設備一應皆無的簡陋破舊棚子。他們可能是被雇用來看管墓園的人。也或者，就是當地無依無靠的人。但不管他們如何使用這裡，他們的生活條件都遠遠比不上墳墓裡的死人。

華人與天主教的融合，是來到華僑義山，不，是整個馬尼拉都會區所關注的重點。

由古老的八連、華僑義山、岷倫洛（Binondo），或許連今天馬尼拉最繁華的地區馬卡蒂也可以算是半個華人所建立的區域。東南亞的唐人街並沒有在歐美國家，以突兀地聳立在街道的牌坊像是作為「結界」般，隔離了內外而自成國中之國的意味存在，而更近似於從核心區向外延伸，越往外其成分越稀釋的鬆散區域。其中可以看到華人處於不同文化間的變

體，如何適應、延展，觀察其中連續性的變化極為有趣。

當地中文報章稱菲律濱的「濱」字，只在此處華人間通用。可能因為這個國家的華人大都住在沿海的城市吧？幾百年間，未改宗的華人被限制在「八連（Parian）」，亦即「市場」。除了保留華人的傳統，當地華人不知不覺也融入到天主教的世界中。在西班牙王城內的華人博物館（Bahay Tsinoy Museum）中，有一張照片展示了當地人所信仰的「保王聖士」塑像，而保王聖士的造型，就是天主教聖母與道教觀音的結合。想著過去生活在此的華人，那些保守而曾經堅持不改宗的牆內住民，以想像力轉化信仰，掙扎著找出一條折衷的道路，適應著在天主教的統治之下保有自己的傳統信仰。也許他們最終沒能做到，但至少他們嘗試過了。

在外來者鞭長莫及的高山省轉運中心邦都（Bontoc）的博物館中，我遇見了一位原住民面孔的虔誠修女。在誘惑不多的山間博物館中的修女，在雲霧繚繞山林中的日常，是在沒有多少外國人參訪的淡季下午，招待校外教學學生之餘，留意到一位跟他們很像的外國人，也就是我。

修女問我：「你相信單一神嗎？」通常，對於現實的華人來說，這種事怎樣都好。

我猜，華人的唯一原初信仰就是：「除營生外，別無真神。」我們求神拜佛，也只是讓我們和子孫有機會在這輩子就過上好日子。如果不行的話……那就換一個能行的吧？

因此，我覺得這是一個很純粹的問題。我們必須非常刻意的追尋，才能讓自己配得上信仰。我給她一個從喬瑟夫．坎伯（Joseph Campbell）書中得到的回答。「我相信單一神，但祂擁有**許多**面孔。」但我相信神。雖然，我相信有神的存在，是為了自私的理由：

旅途上看過那麼多信神的人，比不信的人擁有更多的感動。若否定信仰，便很難接近並體驗旅行所帶來的一部分感動。畢竟，這人類在這世界所建造最宏偉的遺產，很少沒有宗教意義在裡面。我懷疑無神論者能夠很好地同理這些建築被建造的理由，更懷疑他們能夠從中得到多少感動……。

那麼，回到像華僑義山這樣不中不西的建築，是否就不值得為此駐足呢？為什麼他們會蓋出這樣的陵園呢？

我可以隨意假設一下。若我是祖籍福建晉江的菲律賓富豪施至成（Henry, Sy, Sr.）的遠親，由協助親戚販售鞋子起家，到協助經營零售集團，再到知名的ＳＭ百貨，由於家族成員眾多，雖然並非雨露均霑，但是獲得的一生財富也足以在菲律賓安享天年，雖然無法在英雄公墓厚葬，但是對子孫花點錢在富有的鄰居中間，吹著電風扇看著電視延續死後生活，想必也不會有太多意見吧。

畢竟，也奮鬥了一輩子了。比起遙遠而正統的中式墓園，多一點天主和現代傢俱，還是這樣來的更舒服些。

墓園內的道路指標

1.5 因特拉穆羅斯／迷魂黨

Intramuros / Ativan Gang

西班牙在菲律賓留下最明顯的印記，除了菲律賓人的西班牙名之外，大概就是馬尼拉的「因特拉穆羅斯（Intramuros）」了。Intramuros 來自拉丁文，為「城牆內」之意。

那時候的西班牙人認為世界是一個危險的地方，所以既把具有工商業技能的華人封鎖在「八連」，也就是當時的唐人街之內，並修築了西班牙王城，把自己隔絕在裡面。然而今日的王城區，已成為馬尼拉的觀光重心，以及詐騙集團的「獵場」。

「哈嘍！你好，你要找坐車的地方嗎，還是剛到？」一位面相親切的老婦人向我打招呼，與看起來像是家人的兩位女子一齊，身上行李不多。

「我要離開了，得去找住的地方。」次日就要離開菲律賓的我，已經放鬆警戒，不疑有他地回答。

「那我們一起去搭吉普尼（Jeepney），我跟我家人也要離開了。」老婦人說。

「是可以啦。」我一邊和她們一起搭車一邊聊著天，可能因為三位都是女性，內容也只是話家常，所以我也心不在焉但老實地告訴她們，今天是我待在馬尼拉的最後一天。

三位婦女很熱情地邀請我一起共餐，而我帶著不好意思婉拒了她們的熱情。

因為明天一早便要離去，而今晚想早點休息，因此想該去找住宿了。當她們提出了一起去找住宿的邀約，這令我有點意外。

「通常不會這麼黏人啊？」我想。

菲律賓人英文水平還算不錯，但老太太的英語流利，顯然高出平均水平不少。或許，有去海外工作過？我心下存疑。跟著找了她們所推薦的兩三家旅店，感覺都很怪。直到抵達我打算入住的那間旅館門口，她們還一直留在門口跟我說：「一定要一起去吃飯喔，我們會在外面等你喔！」

我說著好，雖心中伴隨著拒絕盛情邀約的罪惡感，卻已打定主意不會再出門了。

剛 Check in 結束，旅館的門房叮囑我，出去外面不要和任何人講話。我告訴她：「我才剛遇到三個人，他們很熱情，還約我去吃飯。」

櫃檯臉色一變：「你千萬不要和他們出去！他們是 Ativan Gang！」

Ativan Gang？

他們被稱為「迷魂黨」，擅長在取得被害人資訊和贏得被害人的信任後，以強姦藥片迷昏被害人後取財，網路上有不勝枚舉的恐怖故事，不過大部分都是取走全身值錢的東西。而這也是菲律賓對外國觀光客來說最危險的主要原因。只因為疲累而拒絕邀約的我，大概只能說是幸運吧，因為她們看起來相當無害。

後來推敲，實際上他們的犯罪模式是有系統的，而且教育訓練管道暢通。

比如說，我所遇到的女性三人一組，是較常見的搭配，沒有男性的組合會更容易化解絕大多數人的戒心。通常是一位老婦人（指導人及控制場面）、一位中年婦女（主要跟被害人聊天的對象）和一位年輕女子（實習生）的組合。

我在網路上搜尋，逐漸拼湊出其運作的模式，並無意中發現了跟我聊天的老婦人照片赫然出現在其中一位受害者在被害後放上網的照片上——老婦人網路上的化名為「Helen」，至少到二〇一九年，網路上都還有活躍的紀錄。

通常，迷魂黨會在容易聚集觀光客的馬尼拉尋找對象，然後製造同行至外地的機會，再伺機下手。因此，只要離開馬尼拉，便不太可能再遇到迷魂黨（因為經濟效益太低），而在馬尼拉想要抓到犯人，也多半徒勞無功，就算當場抓到，要到警察局去告發，也會因為證據不足而被釋放，或者被關一下就出來，這樣的例子多不勝數。另外，比起毒品或暴力的案件，這樣的案件相對傷害性也小，網路上除了一兩宗迷姦後賣至火坑的案例，大部分都是取財不取命。

旅行是為了獲得更多的體驗，廣義來說，所有的經驗，都增強我們自己。

那萬一是詐騙呢？若今天的我並未逃出詐騙的魔掌，是否我對於「所有經驗皆正面」的看法是否會有所改變？

Helen 的網路資料照片。
希望不要再有其他人被騙。

1.6 米沙鄢群島／這就是度假？
Visayas Islands / It's Vacation?

想在菲律賓中部的米沙鄢群島（Visayas）得到任何深沉的文化刺激，是搞錯重點。任何人試圖在這裡尋找刺激，還不如前往南方穆斯林群聚的危險島嶼民答那峨（Mindanao，又稱棉蘭老島），有穆斯林武裝獨立分子，能夠提供危險的氛圍。或是群島最南端延伸出去的蘇祿海（The Sulu Sea），有被稱為「最後的海上民族」之稱的巴瑤人（The Bajau），他們的文化即將消失，他們的生活充滿危險。

而米沙鄢群島，距離這些危險與深沉事物相當遙遠。

長灘島、宿霧、薄荷島和巴拉望，吸納了菲律賓絕大部分的遊客。這兒，沒有太多值得刻意尋找的事物——除了連綿的海灘與周邊的海，以及發展出來的購物度假複合體。比起印尼的峇里島，這兒不會有民俗傳統文化來占用您寶貴的休憩時光。政府雖試圖把文化定義在自然度假風光之中，但實際上，與白沙一般連綿不絕的遊客，才顯而易見地塑造了這個地區的文化。

宿霧的聖嬰大教堂與麥哲倫十字，可能是唯一稱得上文化遺產的地方了。但即使是這座號稱菲律賓最早的羅馬天主教堂，跟海灘比起來也不是什麼重點，更別提旅行團來此必去的巴里卡薩斷層、沙丁魚風暴等。與此相比，米沙鄢群島地區陸地上的事物似乎全都索然無味。

來到此處的人，目的都是為了離開陸地。

只是偶爾，為了緩解日復一日的海灘所帶來的審美疲勞，租了摩托車，前往薄荷島的山間。說是山間，不過是前往海拔幾百公尺的「眼鏡猴保育中心」和「巧克力山」罷了。遠離這些遊人如織的場所，只有在海灘以外的地方，反倒能感受到不那麼閃耀的驚喜。

在長灘島，所能獲得的刻板印象更為純粹。七公里長的海灘，代表的是理想中的海灘所擁有的一切——純淨的白色沙灘與停靠於海岸，帶有舷外支架的獨木舟；高大的棕櫚樹和面對海灘的商店、咖啡廳和餐廳，還有面海的大飯店。當我們抵達的時候，長灘島正剛從半年的封島後重新開放不久，整個島上的主要道路兩排，都是趕不及開島，正在施工中的商店與旅店。

但面對海灘的那一區，才是遊客心所嚮往的**道路、真理、生命**。

所有店家，已經完全準備好迎接蜂擁而入的旅客

長灘島的正午與黃昏

了。大批的東亞臉孔，占據了九成海灘。與宿霧和薄荷島的海灘比起來，這裡更是讓人徹底融入觀光客情境的完美地點。不含雜質的、整天躺在海邊喝啤酒的無所事事之所，只要你將有如行走擴音器的大媽，以及拿著自拍棒在海灘擺出爭奇鬥豔各種姿勢的網紅妹子的出現，當成打破純淨海灘景色的驚喜便行。

我不曾有「所見即所得」，**不含任何更深一步的事物**旅行的方式。這相當令我驚恐。我的旅伴做了一個「過來」的手勢，在我耳邊壓低聲音，告訴我一個天大的祕密：

「這就是度假。」

「原來，這就是傳說中的度假啊？就像有錢人會做的那樣？」我裝出驚訝的口氣。

「是的。不但是『度假』，還是『國外』加上『海灘』這種完美的組合。說吧，你想要什麼？」對於有錢人的度假和背包客的窮游，在兩個世界都體驗過的旅伴小汪，以一種老練的旅館經理的口吻教導我，何

謂度假。

真了不起。原來這世界上，真的有人是這樣的啊！拿著雞尾酒，煞有介事地在游泳池跟沙灘旁裝模作樣地走來走去，「像皮爾斯・布洛斯南扮演的 007 等待著從海中走出的荷莉・貝瑞那樣？」我讚嘆著。

「誰？」小汪露出疑惑的表情。我忘了，她一向無法把人名跟影像連接起來。

「如果把刻板印象發揮到極致的話，當個裸上半身在海灘旁拿著雞尾酒走著，戴著太陽眼鏡在陽傘下喝啤酒，以及披著薄紗在夕陽下的沙灘上奔跑，像《食神》裡的鵝頭吃了瀨尿牛丸後一邊說著：『**來追我呀！**』」

「你的比喻都太老派。更何況，我根本**沒看過**那部電影。」小汪以一種鞋底黏到口香糖的表情告訴我。

在長灘島有很大機會觀察到一個強勢崛起的族群：妝容、衣著與美肌濾鏡千錘百鍊的網紅或部落客。藉由影片、文章和社群媒體分享，旅遊中的她們，穿梭於昂貴的度假旅館、餐廳和消費場所，實踐著大眾想像中的名流生活。當我看到這種表演時，就像看到另一個物種——如動物星球頻道中爬蟲類的「擬態」：從模仿大家想像出來的名流生活方式，獲致盜版光碟承銷商般的利潤。這是來自壓力大步調快的現代世界真實需求，不管那需求有多麼虛假。況且如今，正版難有更高價值。不能被複製的經驗，無法轉化為巨量的經濟效益。追求獨一無二的人生經驗所獲得的效益，無法翻拷成所有人想像中刻板生活方式的巨大利潤。

而長灘島，就是這麼一個最適合大量生產出這種情境的完美場景。自拍吧！不自拍嗎？直播？絕對必要。

這是所有**尚未成氣候**網紅們的訓練場（更高階的網紅去的地方，一般人多半去不了）。從海灘這頭走到另一頭，即使是淡季，想要不闖進三組以下的直播或拍攝場景是困難的。但即使如此，一望無際的白沙仍然足以容納所有在此搔首弄姿的美人們。

不要浪費時間在此追求表像以外的事物。不要浪費時間思索。在此，無所事事地滿足對海灘的所有刻板印象，就是遊客唯一需要做的事情。反正，沒人會在此待很久。

海灘，尤其是度假海灘……看著千篇一律卻療癒的海，沒有追求獵奇、生命的深度或其他形而上的追求，只有當下。

如果這就是度假，我可能已經膩了。

我一直沒有參透缺乏深度的度假其中的趣味。要我願意待在海灘整天，那我想到的會是卡繆《阿爾及爾之夏》書中，那個灰暗而柔軟的地中海畔。那至少還具備了某種伊里亞德和奧德賽神話般的深沉。

「我知道你在想什麼。」小汪突然說。

「我在想什麼？」我自己都不知道。

「那種會令人退避三舍的東西。」

「哈！對！」我笑了起來。**人們一思考，上帝就發笑。**

但是現在我覺得好笑，因為這個海灘全是搔首弄姿，對著小螢幕自言自語的人。

「這不就是你要的嗎？」小汪不解的說。「你不是想知道人們如何掙扎著謀生？這些網紅，這就是他們的謀生方式啊。」

我被點醒了。我看著海灘旁一個身材豐滿的韓國女孩，賣力地提著自拍棒對著手機直播。我從沒想過，這也是掙扎求生的其中一種形式。

「這樣，也可以算謀生嗎？」

「不然呢？」小汪順著我的眼光看去。「我啊，對自己出現在相片和影片裡有障礙……雖然我知道這樣可以增加粉絲。所以，我很尊敬這些網紅。更何況他們長得並不符合我們以前要求公眾人物所應該具備的標準，所以，他們得比明星更有自信。」

「所以劇本、口條、美肌濾鏡，能用的資源全部都要用上。我明白了，那確實也是一種謀生方式，而且競爭也跟各行各業一樣激烈。雖然，我不明白這一切怎麼運作。」

「有些事情要先做才會懂。如果連你都明白，那這行業，就沒什麼好做了。」

她偶爾像個先知，雖然她大部分時間，都在聽我說那種會**令人退避三舍**，令人昏昏欲睡的嚴肅話題。

純淨的白色沙灘

2 Ethiopia

衣索比亞

非洲的大門

ETHIOPIA: THE GATEWAY OF AFRICA

亞洲人與非洲人的文化傳統，隱藏在身體與我們自身的關係。

身為亞洲人的我們是身體的奴隸；

身體，只是達成各種目標的工具：工作賺錢、製作器物、傳宗接代。

非洲人驕傲地展示自己的身體：

不是獅子；就是被獅子追逐的羚羊。

我在前往黑色大陸的機艙內，醒來。

飛機上空，不知道是屬於哪裡的深夜。周圍乘客正熟睡，只要專心，就能感覺得到機上數百人此起彼落的鼻息聲，在乾冷的空調下震動著空氣。機艙明明非常安靜，我卻難以入睡。若不是零星乘客座位前發出的ＬＣＤ冷光映照出游移的畫面，我幾乎會認為自己是身在科幻電影中的太空船在星際旅行中，從冬眠艙醒來的唯一一人。

「不需大驚小怪，」我告訴自己：「不過是前往非洲，跟前往世界任何地方一樣。」

當一個人需要提醒自己不需在意某件事時，事實就恰好相反：不知從什麼時候，這件事已在那人的心裡生根。

我的身體告訴我，這次就是不一樣。即使再怎麼假裝老練，也無法無視每個初次前往非洲的旅人所要打破的那道心理之牆。我身邊有不少更常出國的朋友，但卻不曾認真地把非洲當作選項。他們寧願去五十次日本，也不願意讓出一次機會給非洲。前往非洲的距離，有可能跟歐洲差不多，但心理距離卻似乎連度量衡都換了，不只是把英尺換成公尺，而是把釐米換成千米那樣的差距。

「好吧，」你問我。

為何前往非洲？非洲有什麼？

2.1 阿迪斯阿貝巴／為何非洲
Addis Ababa / Why Africa

非洲。對於未曾到訪的人，非洲整體是一張張獵奇照片的集合。動物大遷徙、原始森林與部落、貧窮、混亂、獨裁、暴力與恐怖；我們長年累月被 Discovery、國家地理頻道等有線電視和旅遊雜誌所教育：非洲充滿了這些事物。

這些資訊並沒有作假，都是去蕪存菁之後的非洲。但比起這些去蕪存菁的資訊，被濾掉的那些「渣滓」，卻是我在非洲最感興趣的事物。這些「渣滓」有多少的無聊與平凡；有多少是暴力與恐怖的反面；或是貧窮之外，多少當地人不需要任何援助，依靠自己的勤勞和智慧，證明了他們和我們一樣獨立自足、自愛自信。

我相信，這樣的人，在非洲一樣占多數。否則，我不會在這架班機上。

清晨的第一道光線，穿透貼在機場落地窗的野生動物大型透明 PVC 輸出。大象、牛羚、斑馬的身軀逐漸被金色光芒蓋過而模糊刺目，有種勉強營造出的平庸且俗麗之感，就像大多數預算不多的機場所能做的那樣。

只是在那個片刻，我覺得自己像是在路上，對著印著尊者（His Holiness）戴著眼鏡笑容可掬的光頭老者頂禮膜拜的朝聖者一般。

泫然欲泣的感動，反而很少出現在我們看到偉大景點的那一刻。

事實上，偉大景點需要供養的責任太多：兜售廉價紀念品的小販、如禿鷹敏銳的司機、騙子、扒手、意圖搭訕女性觀光客吃豆腐的猥瑣男子，當然，還有與我一樣人數眾多的普通觀光客們。這些各懷目的的慾望，將親臨偉大景點帶來的感動彼此抵銷，並將我們拉回與在地人一樣為求生而掙扎的現實。所以，為機場候機室預算不多而顯得侷促的廉價輸出感動，經常比起看到偉大景點的那一刻，更為個人化而純粹。

賀比．漢考克（Herbie Hancock）〈處女航〉（Maiden Voyage）的前奏旋律從耳機中流洩出來。我想著，身為菁英黑人爵士樂手的他，回到自己的祖源之地時，感受是否也和我一樣。當然，唯一不同的是，這會啟發他創作出歌曲，但之於我，衣錦還鄉般的溯源之旅則是一種居高臨下的奢侈。

第一次長時間的旅行從印度開始。那次的出發，在我旅行當中擁有一個獨一無二的地位。我了解到，當對一切都未知時所做的選擇，會極大影響未來的走向。

若在旅行經驗尚淺的時候，便選擇像是印度或是非洲這樣的地方……在成年之前去過非洲，也許對非洲的印象會是一個大遊樂園吧？過早接觸非洲，也許會獲得一種根植於野性的好奇，但同時也可能失去那種，因為感覺危險而激起的一種良性恐懼。

很少地方像非洲大陸一樣，能夠給予安逸的現代世界最大的謎，和最深的衝擊。

渴望盡速逃離與深入接近非洲，兩種感受並存的矛盾，從百年前的約瑟夫．康拉德（Joseph Cornad）的《黑暗之心》，或者年代稍微接近一點的格雷安．葛林（Graham Green）《沒有地圖的旅行》等書中得以瞥見。比起走水路的康拉德，和走陸路的葛林，我去非洲，走的已經是最輕鬆的路。

但即使時間不同、情境不同、國籍也不同，旅人對此地愛很交織的感受，卻從來不曾變化。非洲不是一個整體。非洲有五十多個國家、十四億人口。各種地形與人種，每個國家都不同。若只將非洲視為一體，等於完全不懂非洲。

飛機降落前，整片如同摻灰的低彩度黃綠色田野景象，以不規則幾何分布在整片海拔兩千公尺以上的衣索比亞高原。雲離得很近，天空很藍，好似即將在加德滿都降落的錯覺。然而，不似加德滿都含有靈氣的煙塵，衣索比亞的煙塵與靈性濃度皆稀薄。但屬靈的空氣，得當自己身在其中後才領悟到，在衣索比亞，靈性被完整封存在非洲人的肉體之中。

「阿非利加的魔力（Mojo of Africa）」我想著，肉身外顯的事物即靈性。如健美的身體、如歌唱、如舞、如多變的髮辮。

約六萬年前，人類的先祖從東非啟程，僅僅花費了以地球歷史而言一瞬的時間，便成為這個星球的統治者。但星球統治者的人類候選並非獨一無二。在黑猩猩與現代智人之間，還有很多連續或不連續血緣的人種相互競逐。

在數百萬年前，其他的「人」已經在東非大地上活動。當號稱第一位人類的「露西（Lucy）」從衣索比亞東方邊境的大鹽湖被挖掘出來的時候，便在全球考古學界掀起了巨大的震撼。她的出土，補足了從黑猩猩到人類失落的環節，屬名為「**南方古猿**（Australopithrcus afarensis）」，她的重要性，使得盧貝松還要特地拍攝一部電影，向這位史前的性感女神，獻上最高的致敬。

但是與考古學上的地位所不符的是，擁有露西的國家博物館展廳，可能都比不上台灣隨便一所學校的圖書館。入口的大型立牌，可能已是最經過設計的部分。而露西不完整的本體，只是一具靜靜地平躺在展示櫃的骨骼殘骸。只有看著旁邊復原後的複製模型，才能夠想像出她原來的樣子。真正的南方古猿，站立後大約只有一百三十多公分。也許是因為視角接近四足行走的動物，因此重心更為穩固，在狩獵的機能上可能亦遠勝於我們。不管怎麼說，這都是一副充滿著實用性的身體骨骼。

「露西」以人類學或考古學的重要性來說，不一定輸給埃及的圖坦卡門。然而露西缺乏像圖坦卡門那樣吸睛的視覺元素。華麗的陪葬品是一種包裝，文化符號也是，可被各種宣傳操作的程度，決定了這些遺物受歡迎的程度。露西巧合地成為衣索比亞在世界的象徵——整個非洲，甚至全人類的源頭——但是在專家領域之外，並不被給予相應的重視。

衣索比亞的獨特性在於，首先她挺過了歐洲殖民強權勢力最盛的時期，而完整保留自身的文化，為非洲「唯二」未被殖民摧毀、唯一有自己文字、唯一的基督教國家，且擁有自己延續千年以上的教會系統。

衣索比亞人的生活水平，無論用任何標準來看，距離富裕都非常遙遠。GDP不到印度的二分之一，她的首都阿迪斯阿貝巴，也不可能和德里、孟買等印度大城比擬。只是，看著在舊義大利區（Piazza）街頭走動的那些，穿著廉價低開檔緊身褲和襯衫的年輕人們，他們天生的修長身形和完全不符合我們對黑人的刻板印象，睫毛捲翹、高鼻薄唇的黑人迎面而來，自然大方的名模氣場，給我的驚訝不亞於他們對東亞「功夫（Kong Fu）」觀光客們的好奇。首都的破舊和印度街頭似曾相識，路人們的亮眼難分軒輊。這使我經常有種走在寶萊塢電影中的錯覺，彷彿這些衣衫襤褸的少年名模們，下一秒就能自在於阿迪斯阿貝巴的街頭熱舞。

阿迪斯阿貝巴的街頭，竟有種古巴的氛圍。

生命並不公平。東非作為人類起源之地，但今日生活在此地區的人們，依然飽受種種不便及經濟弱勢。衣索比亞人雖生活在這麼一個謀生不易的地方，但上天也補償了他們如此接近「起源」的身體條件，和美麗深邃的五官。除了黝黑的皮膚和捲髮外，他們的五官都與印象中扁鼻厚唇的黑人不同，反倒接近高鼻深目的阿拉伯人。這使得衣索比亞人的外表，相當符合今日多元審美的價值觀。於是時尚圈，有了不少東非籍的超級名模，從黑珍珠 Naomi Campbell Iman 、到 Liya Kabede、Anok Yai 等。而衣索比亞男生外觀條件也不遑多讓，街頭就算不能成為嘻哈明星 J-Zay，至少也可以撈個伴舞當當？

夜晚走在街頭，被阿迪斯阿貝巴的男裝店擺設嚇到。一整排凌空斜襬的男裝模特到轉角或街邊，

上：旅館前的看門人。 下：靠在牆邊的女服務生。

在陰森慘白的日光燈照射下，不自覺地令我聯想到麥可傑克森的經典名曲〈顫慄〉（Thiller），而有過之的是這些模特的牛仔褲拉鍊永遠不拉上，露出人偶高漲的突起部位……在呼喊著，「嘿，伙計，這是非洲，為身體而驕傲是正確的，沒必要隱藏！」

不時會在陌生的國度，看見熟悉國家的樣子。

在街道上沒有特定目的晃蕩。穿著西裝禮帽的老人坐在咖啡廳裡，桌上放著不知是從哪來的小報刊，或任何有文字的東西。啜飲著咖啡看著來往人群（通常亞洲臉孔的我們，才是被看的對象），街道熱鬧卻舒緩，彷彿身在哈瓦那；烈日下沿著坡道，在某個街邊遮蔭時突如其來的冷冽空氣中，看見鮮豔的手繪牆面與破舊的鐵皮屋，想起了記不得是南美的哪座高原城市；人群駢肩雜遝擠在狹窄的小巷弄間前進，遠方高聳的山谷，又令我想到了煙塵與雪山下的加德滿都谷地。去過越多地方，旅行所看見的事物就越像是一種拼裝。太陽底下無新事，所有被認為是新的東西，都是舊事物的比例混合。在首都，尤其明顯。所謂首都的樣子，時常只是各種舶來品的拼湊。

偶爾，敏銳而世故的旅人，會像獵人追蹤獵物般追蹤一座城市；對於一國所殘留的獨特事物，將其像執著於愛人身上氣味一般地嗅聞不止，把不同國家旅行的獨特氣息，封存在五感的記憶之中。城市的氣味，最為罕見，最為細微，也最為不可複製。

2.2 巴赫達爾與岡達爾／手勢的語言

Bahir Dar and Gondar / Language of Gusture

離開阿迪斯阿貝巴，巴士在海拔兩千公尺的高原上以略顯吃力的速度，緩慢而穩定地向北移動。地圖上的直線距離雖短，但不斷的上坡下坡，使實際的距離加長了許多。

路上經過藍尼羅河峽谷，另一條尼羅河的源頭，由此延伸而出的河流最遠直接注入了地中海。河流從高原直切入了深處，由巴士上的角度看不見底部的水體，只見一條裂縫延伸到稍遠距離後，便與大地融為一體，一路延伸至如空氣遠近法所模糊渲染直至不可見的遠方。

相較藍尼羅河的名聲，匆匆一瞥所見並無奇特之處。路程令人更印象深刻的，是無處不在的麥麩田。這種作物會被磨碎，變成衣索比亞人日常所不能缺少的**茵傑拉**（**Injera**），也是國外旅人在衣國餐桌上無法擺脫的**夢魘**。

巴士在禁止停車的標示前停下來讓我們得以拍照。在此，我們蜿蜒直下一千公尺。

塔那湖修道院中的壁畫

巴赫達爾

巴赫達爾是一座高海拔的觀光城市，此處的湖上修道院，星羅棋布於有峇里島大小的塔那湖（Tana Lake）上及周邊。比起名不符實的混濁湖水，更令我在意的是修道院裡明顯的裝修過的痕跡。號稱七百年歷史實際上卻像是昨天才畫上去的所謂古老壁畫……若不在意真偽之辨，至少畫師的努力是值得肯定的。

古蹟，就是如此難以保護卻又這麼容易失去的東西。

即使修道院的壁畫年代不像他們所說的那麼久遠，然而在修道院內講道的教士是真實的。觀光化的修道院，或過於嶄新的壁畫，對於當地人來說，都是「使用中」的一部分。

古蹟再精緻優美，也難以匹敵數百年來被使用而持續更新的需求。也許我該換個角度會讓自己比較釋懷：把不斷更新的壁畫當作是日本古建築固定更換的樑柱？

我的目標是——

能夠在旅程中儘可能地多保留一點盤纏，以便下一次旅行。比起跟種種旅行的不便搏鬥，更辛苦的是，試著應對旅途上千篇一律的劇情（總之都關乎如何把你錢包裡本就不多的錢榨出來）；適應這種「啊，果然是這樣」的厭倦情緒，是旅人的必備技能。

進入每座修道院都要付五元美金，以及搭船所需要的當地貨幣，每一座修道院前的露天攤販街，都只是換湯不換藥，賣的東西都差不多。現代觀光產業，提供了這些後發展的國家一個榜樣，但是真正超前部署的，還得仰賴這些手工藝小販、掮客和當地團的導遊們。

而在衣索比亞略有不同的是，人與人的距離似乎更近了。不管是乞討或做生意，他們更習慣用侵略性的肢體接觸來與我互動。用眼神、語言或手勢——許多是掌心朝上，乞討。

這些我在印度或其他國家都看過。不過在衣索比亞不一樣。

他們在「要」東西的時候，不像其他國家的人，以一種先天受限的姿態，勾起外國遊客的同情，而是以大張旗鼓的肢體語言來溝通，表現出他們對這件事情從不以為恥，反而理所應當的自然。當孩子圍繞著你向你要任何你給得出的東西，或者路邊乞丐只是跟你要一根香蕉填飽飢餓，青少年向你擺出李小龍的姿勢……這些對他們來說，感覺都一樣。

乞討、索要，甚至大動作的拉扯，不管他們對他人做什麼，看起來都只是一種運動。黑色人種深沉的哲學思考，是在身體裡進行的。

岡達爾

擁有非洲大陸上極少見的歐洲城堡，岡達爾（Gondar）被稱為「非洲的卡美洛（圓桌武士傳奇中亞瑟王的城堡）」這個名字總讓我聯想到「魔戒」中土大陸南方王國「剛鐸」。相比於中土世界是個精靈、矮人、半獸人聚於一堂的世界，或許在非洲，讓想像力奔馳的元素也不會遜色太多，只是把王國和魔法，換成了部落和巫術。漫步在中世紀風格城堡建築間的我們，幾乎忘記這裡是非洲。因為我們看到了許多新人，不約而同地在此拍攝西式婚紗照。

當下我恍然大悟。原來，成為聯合國教科文組織標定的世界遺產，形同於獲得了婚紗勝地的官方認證。比起保護古蹟，這種對大多數人虛無飄渺的目的，還是作為網紅或婚紗勝地來得更實用吧。

這是一場盛大的西式婚禮，其中融合了西裝、白紗、各式禮服，以及背著如手風琴班不知名的非洲樂器演奏者和強烈重拍子的舞蹈，並有專業攝影師為新郎新娘進行婚紗照的拍攝。

當我也將鏡頭對準新娘的時候，一個人走了過來，對我說「不准拍照！」告訴我再拍的話，做了一個手刀橫過脖子的動作。

突然接收到這麼一個有些過度的威脅。我有點驚訝。

但我已經開始理解衣索比亞，他們用身體表達的訊息時常是非常強烈的。雖然有點覺得威脅，但在非洲，強烈的手勢卻也因經常被使用，而降低了本來的衝擊感。

這就是文化差異吧，未經允許拍照，有時候確是致命的，我想。但是當我走到了城堡的另外一邊，「咦？怎麼這裡還有一對？」

原來同時有二對新人在城堡結婚，看來這裡是十分熱門的結婚聖地。

賓客問我們對婚禮和新人的看法，「wonderful！」我舉起大拇指比讚，然後鼓起勇氣問他們能否拍照。「of course！」他們邀請我們走到正中央，就在婚禮攝影師的旁邊拍照。

就在衝突中，我們慢慢地了解多一點非洲。

城堡內的婚禮拍攝中

2.3 賽米恩山／權力展示

Simien Mountain / Showing Power

幾乎所有在衣索比亞遇到的旅人，都推薦我們去「賽米恩山」。但是，一問到那裡有何特色時，又總得到語焉不詳的回答。於是，一路上抱著疑惑，直到進入前往賽米恩山的入口城鎮——德巴克（Debark）開始與當地嚮導接洽時為止，我對於賽米恩山的疑惑與好奇逐漸加深而達到頂峰。

這群導遊從業人員給我的感覺，就像是春秋戰國時代的五霸七雄，合縱連橫，各憑本事。同時要應付好幾對上門促銷塞米恩山健行行程的掮客，我和一位看來人很好的矮個子嚮導，確認行程細節，不消多久，便談到了令人滿意的三人五百美元。

就在這時其他人出現。他們告訴我，那矮個子沒有執照，沒資格帶團。那群人中的一個高個子澄清：「一個人至少兩百四十美金，才是（殺價後的）正常行情」。

這跟談定的價格有出入，於是我又問了矮個子一次，在我們議價的同時，我方的人數已經增加了二個人，這讓我更有底氣了。

「所以，你剛說，我們三個的價格是五百美金？」

「是的。」他回答。

「那麼，我們現在有五個人，你可以給我們多少？」

「一、一千二……」他結巴地回答。

這數學公式怎麼算的。「為什麼五個人反而變貴了？」

「因、因為，這二個日本人是他（指高個子掮客）的人……」矮個子嚮導囁嚅地說，一邊眼神閃爍地望向高個子的方向，好似在尋求確認。

「所以是回扣嗎？為什麼我要幫你付回扣？那是你們之間的事情吧？」

花了點時間我才明白，矮個子嚮導在同業中，雖然可以帶隊，但根本沒有決定權。

我只好重來一次，轉而與高個子從頭到尾再確認一次細節。高個子十分理解狀況，因此無論怎麼談價格都降不下來……最後仍以每人兩百四十美元成交。

在行程和價格大致底定時，我走到旅館外頭透透氣，看見矮個子在門外等我，並再三向我保證他有執照，而且仍然可以以剛談好的價格成交。

這時高個子走出來，與他的朋友勾肩搭背地，指著矮個子說他沒有執照。

我感覺像是一個無意中撞見校園霸凌的路人，被迫演出一場與我無關的戲碼，只能照著隱形的劇本再次問矮個子：「你，告訴我，你到底有沒有執照？」

「對，他說得對，我沒有執照。」矮個子怯怯地回答。

我一轉頭走向高個子，付了訂金。

高個子看起來很可靠，我知道應該不會有什麼問題。但不知為何感覺不快。

看來像是他們「霸凌」了那個矮個子導遊。而我們，選擇了權力較大的一方。

在我們的社會職場中，除了學校、軍營，和幫派，大概看不到如此赤裸的權力關係。而想在非洲這種「身體是話語，而力量是貨幣」的地方，尋求貧窮卻和睦的幸福之國？沒那種事。在亞洲，貧窮國家的權力底層，大部分能用逆來順受這種生存法則來保命。但在非洲，就算只是隻老鼠，也得賭命在禿鷹嘴邊搶肉屑。人們遇到這種事，必須用身體做些什麼，不存在任何消極的空間。

在德巴克這座邊遠偏僻，因位於賽米恩山入口而稍微繁榮一點的新興城鎮，爭奪少數新機會的年輕人因生存而結黨、打壓甚至霸凌非我族類的人們，也只為了活下去。每天的鬥爭在此都變成可以忍受的日常。匱乏不一定會讓人變純樸，只會令生存這件事變得迫切。

這時候很容易冒出一個簡化的念頭：因為資源的匱乏，弱肉強食的法則更有用，使他們接近動物比接近人類還要多些。

但這是錯的。

非洲更受動物的法則所影響，不是因為他們比起我們有所不足，反而是，他們和我們相比，更懂得運用自己的身體去達到溝通的目的，就算那目的中，包含了令人不快的衝突。我們眼中的激烈衝突，對他們來說是有可能只是一種日常。

但即使如此，難道我眼中的霸凌，對他們來說其實不是？不可能吧。

第二天我們出發之時，矮個子帶著兩個背著糧食和帳篷，全程自給自足的瑞典旅人出現在我們旁邊，高個子也在旁邊。他們之間的互動，就像什麼都沒發生過一樣。

沒有昨日那樣的競爭立場，高個子和矮個子現在是互相需要的夥伴關係。我幾次看到，高個子會讓矮個子去辦一些他不方便辦的事情。

在這齣戲中，每個人都有自己的位置。即使卑微的位置，也需要有人去占。

衣索比亞的生存壓力，自然形成了一個動物世界般的權力關係，跟我們更為隱晦的現代叢林法則大不相同。

「他們**就是**這個樣子。」這種直觀的結論是危險的，因為這加深了經濟先進國家人民，對他們狀況的無動於衷。接受他們仍然生活在未開化的世界中，是理所當然的事，因此也不需要獲得現代人理所當然擁有的一切？

衣索比亞高原平均海拔兩千公尺，已經夠高。但這裡還要再高出至少一千兩百公尺。寒冷稀薄的空氣，配上萬里無雲的天空和炙熱的太陽，異常多樣的感受油然而生，我試著給每種異樣感安上一個病理專有名詞來描述，像是「赤道凍瘡」或者「高海拔熱衰竭」之類，以平衡在高海拔頭重腳輕的感受，令自己稍微清醒一點。

非洲的人權像是動物，而動物活得還更接近人。我們看見了這裡才有的特殊群聚猴類「獅尾狒」，這種被列為瀕危物種的動物在這裡隨處可見。還好，牠們不像峇里島的猴子般有攻擊性。但也許有朝一日，當大批觀光客拿著香蕉巧克力，餵著這些光著生殖器和屁股的變態小可愛的時候，牠們就會快速進化成我在張家界或峇里島看到襲擊人類的兇暴猿猴。

不同於尼泊爾的安納普納跟聖母峰基地營，也不像亞洲山脈曲折蜿蜒，無法一眼覽盡的地形；在賽米恩山健行，就像走在一連串的大型峽谷邊緣，沒有任何模糊或隱藏，就像非洲人一樣，總是露骨而直率地表示不懂你的問題。

他們的正直表現在他們聽不懂太複雜的問題上。他們也是誠實的，就算是對外國人哄抬價格，他們也還是誠實的。我們對誠實，或某些道德的標準，對他們來說除了過高，還過於苛刻、吹毛求疵且小裡小氣。我們對他們的指責並未脫離懶惰、危險、野蠻等印象，但若試著站在非洲人（或拉美）的角度看事情，會發現他們只是忠於自己的快樂，活在當下。

過去的白人殖民者藉著壓榨其他民族，獲得了延續數百年的資源，以讓自身優雅餘裕。而我們只能靠著壓榨自己的快樂，換取未來的成就，這是我們現在生活豐裕的原因。但如今，我們現在得為如何放鬆享受當下的快樂補一堂課。

黑人曾被歷史輕慢，而如今仍苦苦追趕。受過教育的白人有負罪感，不會再說黑人低他們一等。但華人似乎沒那糾結，歧視黑人的言論仍隨處可見。

有人會反擊。「老黑也歧視我們啊！」另外還有一個難以反駁的說法是：「你的現在又不是我造成的，我只看你現在努不努力。你們這麼不努力，讓我怎麼尊重你？」

考量到非洲的中國人如此之多，而非洲又如此需要一個機會，一個向上流動的機會。觀念上的不合可以擱置，而觀念上的衝突，也許亦可以留到未來再解決。

獅尾狒是這裡的特有種

海拔三千公尺之上的營火

隨行的巡山員

入山遊客，規定一定要有巡山員保護。他們肩上扛一把步槍的樣子，看起來還真有點威武。但當我看到他們在整理衣物時用雙膝夾著槍枝，槍管對準自己的重要部位時，我想，這些巡山員並不一定是專業的軍人或獵人，也許只是政府規定的表面形式下的當地住民或牧人。

事實上，賽米恩山的遊客也沒多到養得起只做巡山員的專業人士吧。

桑卡巴的營火

桑卡巴只是一個沿著懸崖邊相對平坦的高地。以非洲人的標準，搭起帳篷放上睡袋，加上山間營火，便足以讓此地成為一個舒適的野營之處了。這裡是車輛可以抵達的地方，因此我們一上來，就享受了熱茶和餅乾。午後，廚師在旁邊的小茅屋內準備晚上的食物，我們則在四周走動，或者什麼也不做，在寒冷的高原上盯著前方的斷崖，期望這樣就能驅寒。

夜晚，在接近零度的空氣中，閃爍的星空襯托著天際的一抹微笑，那是月亮。聽同行的旅人說，在不同緯度的地區，其上弦月的角度亦會有所不同。

當每個人以自己的觀點來看待同一事物時，都只能看見局部的真實。來到衣索比亞之前，我們看到的只有飢餓三十，但真正將我們聚集在這營火前的，正是不甘於我們過去只有對「局部真實」的片面推斷。

我和坐於對面帶槍的巡山員相視。我以低音質放著手機裡唯一一首衣索比亞音樂。巡山員突然唱起歌來了。作為遊客的我們也隨即唱和。

我們永遠都不會理解對方的世界。但是我們有音樂。走在一道狹窄的山脊上，我們從那高度之上，接近並理解赤道旁的弦月撒下的光暈，由那角度，我們多了一道彼此認同的切面。

伊梅戈戈

站在這一條前往聳立於峰頂的岩徑上，左面是不斷向遠方延伸的峭壁幽谷，右方是以九十度角直落，有如刀切過奶油般的巨大懸崖。在高原上，想像美國大西部的意象。一望無際，一覽無遺。只是，這裡的原住民尚未被連根拔起。

一路上我們看著當地少年裹著五顏六色的毛衣在路邊閒坐。走近一看才發現，他們的毛衣其實是棉被。他們白天把它當披巾跟外衣，晚上就解下來當棉被睡覺。這就是他們的全身家當。少年牽著驢子，跟在我們身邊一路走著。走了半小時，我們才發現，原來累了可以騎他們的驢子。

雖然遊客樂得不用走路。但是一上了驢背，驢子在刀鋒一般的山脊上行走，驢背上的遊客膽戰心驚，牽驢的少年神色自若。

「如果，一直沒有人坐驢子，那他不就白走了嗎？」坐在驢背上的旅伴問我。

「是吧，」我說。「不過，他們也沒什麼損失。」

「浪費時間跟精力啊。」

「那省下來要做什麼？」這麼說的我，覺得自己沒心沒肺。

旅伴只是操心。她會覺得這些孩子真可憐，而這裡沒有印度那麼密集的可憐人，同情心不會那麼快就用光。

到了伊梅戈戈山頂，其中一個蓋著棉被到處跑的少年，拿出了一瓶溫熱的可口可樂。我花了兩美金買了。

「為什麼是溫的？這裡海拔四千耶。」旅伴轉開瓶蓋問我。

「可能一直放在懷裡吧。」我說。「也許怕可樂結凍，不然就是它們很珍貴吧？」

但是，我不會忘記喝著這瓶詭異的微溫可樂時周邊的一切。

它，是怎麼出現在海拔四千公尺的偏遠山上仍保持微溫，孩子頭上的毛毯、驢子，跟懸崖邊的我們。這一切都讓這瓶可樂，擁有遠超兩美金的價值。

高山上賣可樂的小孩。

2.4 達那基爾低地／豐盛的荒蕪
Danakil Depression / Lavish Desolation

可以用豐盛來形容的荒蕪，那是經常出現在美國公路電影之中，彷彿無窮無盡且筆直荒涼的公路。身處於壯麗的無物之中，公路地景像靜止的照片般在距離上欺騙我們的眼睛。而身在其中，舉目所發見的一切，荒野和道路之外的事物，就算只是比漢堡餐車大上一點的小食店，看來也似乎沾染了某種亙古時代——聖經與神話英雄的氣息。

但衣索比亞不是這樣的。鋪上柏油的路面雖然相同地筆直，卻極為嶄新，像是不久前才鋪上去的，雖然跟美國的公路比起來，要窄小的多。

從成本看來，陡峭而充滿起伏的高海拔，不適宜於修築過寬的公路、不利於為了數量少得多的車輛修護及維持、不利於牧羊人驅趕他們的羊群迅速離開道路，那會使羊群暴露在衣索比亞人車合一的4WD車駕駛撞擊的危險之中。

遠方的山巒在越來越厚實的空氣濃度覆蓋下，有層次地被區分出距離的遠近，像是一幅以非洲為主題繪製的中國山水畫一般。

達那基爾低地幾乎無法自助抵達，必須參團。但即使參了團也不輕鬆。以非洲的物價來說，在達那基爾參加當地團並不便宜，而且還非常辛苦。

首日的舟車勞頓，由海拔兩千公尺移動到海平面以下一百公尺的低地鹽田，需要花費整個白天的時間。本以為最久不過如此，但在過程中，我們逐漸明白，每一天移動的距離，都不會少於第一天的路程。不斷轉換的地形與海拔、氣溫與高熱和涼寒的交錯，對於體力與耐力的要求，在參加過所有的當地團之中，也是屬於前幾名。

非洲人的體力，真的沒有在跟你客氣。

在數天的長途車程中，我們和司機建立了革命情感。我們的司機雖然會不時以時速一百一十公里的速度，在海拔千尺落差，綿延曲折的狹窄山路上高速過彎，而不時和受驚的羊群擦身而過，但瑕不掩瑜，尤其是當他車上的 mp3 重複播放出某一首歌的歌詞：「Male Male Male Male Male Male Male（Honey, Honey, Honey……）……Ubey Ubey Ubey Ubey Ubey Ubey……（You're beautiful）」的時候，我們就知道他少得可憐的曲目又播了一輪。最後，車上所有人終於放棄，跟著這首洗腦神曲唱和，逗得司機哈哈大笑。

他以為我們非常喜歡，在旅程的最後，還貼心地拷貝了他的音樂送給我們所有人。

打不過，就加入他。既然無法抵抗，不如享受現在。

這是，弱者的哲學。

爾塔阿雷火山

從一段距離就可以輕易辨認出如同熱鍋般的**爾塔阿雷（Etre'Ale Volcano）**火山口冒出的蒸氣，與幾乎要從鍋邊溢出的滾燙紅色汁液。此處寸草不生，難以抵達——4WD 車整日的奔馳，由山下直線上山數小時，加上低於海拔的燥熱空氣，即使現在已算是冬季，日間氣溫仍經常高於攝氏四十度。在可近觀火山口的山頂，有一個小型的聚落，以石頭堆砌成的鏤空圓頂結構，上方是樹枝架成的屋頂，雖無法避雨（此地下雨的機率應該也不高），但是仍可以擋住入夜後毫無遮蔽不斷吹拂的強風。

由聚落前往火山口的最後幾十公尺，踩著上個月才噴發過的熔岩塊。

「有點可怕。」我想著，新的熔岩表面呈現深灰黑，好像下過雨後或是泛著一層油光般的質感，伸手一摸，卻乾燥而微溫，甚至還能感受到從地底傳來的餘熱似的，像走在易碎質脆的餅乾上端，一不小心就會踏空。這種直落地心深淵的想像，使前往火山口這件事增添了一種與恐懼並存的探險樂趣。

本以為是行走於熱鍋上的熱度，但火山口的空氣並不如想像炙熱。我看到前方的遊客很快就折返，心裡還想著：「好不容易來到這麼近的地方觀看，怎捨得一下子就回來？」

當我抵達火山口的邊緣，聞到周圍強烈散發的硫磺氣體，薰得我的眼睛瞇成一條縫；一不小心吸入氣體，強烈的刺激燒灼喉嚨，只能不斷喝水來舒緩吸入有毒氣體造成的喉嚨疼痛。

身處火山口邊緣，連僅僅自拍的簡單動作，都成了難以忍耐的折磨。由刺痛的眼角餘光望去，無生命的能量就在我眼前活生生地爆發。火山口表面對比於數千度高溫而發亮的熔岩，乘載著表面微微凝固的黑色火山岩不斷滑動。我想像，這黑色表面部分的薄層，就等同我們的地殼，而這個火山口就像世界地圖般呈現。我可以清楚的看見岩漿上方板塊移動，不時噴發的熔岩，是地球內在能量最明顯的證明。我像是以前地球物理沒學好的學生，在這裡以最目不暇給的方式補課。

火山口的熔岩，正劇烈活動著

達洛的硫磺泉

達那基爾低地所在的位置，在千萬年前由於亞洲與非洲的板塊移動而分離；在分離的過程中產生的裂縫被海洋填滿，又由於板塊撕裂而露出的海底火山不斷噴發所產生的火山岩漿乾涸後不斷堆積，使此處的海水與紅海隔離。剩餘的海水在經過無數的時光後，已經蒸發為低於海平面一百公尺的鹽湖。在面積超過台灣島四分之一，一萬多平方公尺的達那基爾低地，其中一個較大的鹽湖形成如同白色沙漠般，今日所見約一千兩百平方公里的巨大鹽湖。

與位於玻利維亞高海拔清麗澄澈的「天空之鏡」不同，這座鹽湖並非只有一望無際的鹽（還有在上面開趴），而是在鹽湖邊境的達洛（Dallol），是**鹽湖＋硫磺＋氧化鐵**所生成的化學調色盤——最豐盛的荒蕪。

不管是火山也好、硫磺泉也好，在其他國家，若有如此危險與脆弱的觀光景點，通常會被隔開一段距離以便保護及管制。但在這裡，除了荷槍軍人陪同之外，並不存在什麼特別的管制。在爾塔阿雷火山，若能忍受有毒的硫磺氣體，遊客可以任意地在脆弱的火山岩上行走，並靠到最靠近火山口的那一塊邊緣。而在達洛，即使再怎麼小心翼翼，都免不了踏到遍布整區，像長在陸地上的珊瑚礁般地，亮黃綠色所結成的硫磺之花。很難想像，如此豔麗繁茂的地景之中，其中沒有任何生命踏足。布滿了整片經歷千萬年而形成的結晶，就這樣被為數仍不多的遊客、嚮導和當地人隨意踐踏。

由於這個地方的確難以抵達，使得觀光客目前相對較少。但未來若此地的旅遊業更加發展，巨量的遊客湧入的話，可以想像會有什麼樣的後果。他們應該還未意識到這是多麼珍貴的國家寶藏。不然就連如此少量的遊客，都不應該被允許踐踏。我的心頭抱著淡淡的罪惡感如履薄冰地行走於其上，無法完全地享受踏上祕境的樂趣，反而還因為小心翼翼繞路避開走在七彩的硫磺結晶而被嫌速度慢。

阿薩雷鹽湖，水上行車

回程時，遇到了鹽湖漲潮。所謂的漲退潮，是由於鹽湖本身低於海平面，因此不知從何而來的地下水源，會在一日中週期性地注入鹽湖地表乾涸的部分。一早經過乾涸的白色鹽原，到近中午成了波光閃耀、清澈純淨的白色水域。說是漲潮，但鹽水僅輕漫過腳踝，不同於德國導演荷索電影《陸上行舟》的艱難，水上行車輕鬆愜意。

遠方，一輛卡車正於水上駛過。

我想到前一天，我們還在同一片鹽湖上，在夕陽西下的時刻享受著紅酒。

我問嚮導：「聽說，這裡是原住民的採鹽場？」

嚮導說：「不是。這裡是同一片鹽原，但不在這裡，在另一邊。我們明天會去。」

「不在這裡？那去那裡要多久？」

「很近。大約幾個小時吧。」

幾個小時……以司機平均時速一百一十公里的速度來說，就算只有兩個小時，那個距離也不短。

達洛的鹽堡

與達洛在同一座台地上的鹽堡，由遠方看來，像是人為蓋起來的天然石造城市。當然，沒有生命。

在鹽湖中央暢飲紅酒

世代採鹽的 Afar 人

多彩的硫磺泉

與達洛不同。這裡的色彩十分單一，只有深赤紅色的鐵礦土夾著一層一層的淺灰和污濁的粉紅色鹽塊所層疊如堡壘般的巨大塊面，其切面呈現出提拉米蘇般的質感。

自然在時間的作用下，城堡、丘陵和洞穴在這裡被創造出來。沒有目的、沒有人居住的空無和豐富的空間，顯現一種原初的神聖感，彷彿造物主創作出此處不過只是為了彰顯「看吧，雖不是為人類而做，但我做得到。」這種聖經般巨大、荒瘠而空曠的氣勢，不但無法令人放鬆，在山丘上巡望的軍人，更為整個空間增添一種肅殺之感。由於這裡位於衣索比亞和厄利垂亞的邊境，聽說有一陣子經常發生觀光客被游擊隊劫持甚至殺害的事件，因此即使安全無虞，危險的氣息仍在曠野裡飄盪。

在這片大地上活動的人們——過去是運鹽的阿法人，現在多了觀光客和軍人，而在更遙遠的過去和未來——三百萬年前的人類始祖露西，就生活在這片荒野之中。若我們乘坐時光機往未來推近千萬年，這片位於東非大裂谷、以及人類發源起點的低地，會徹底被撕裂，而過去被摩西分開過的海水，會越過海岸邊緣矮小的高地，如復仇一般地重新灌滿這片大地。到那時，整個「非洲之角」都會隨著東非大裂谷的開口一路被海水裂解延伸而下——包含索馬利亞以南一直到莫三比克的整塊東邊部分——都會跟非洲大陸脫離，而那已經不是我們看得到的事了。

鹽田

從清晨的光線中，長長的一隊駱駝商隊，從我們要去的地方而來。

就算是二月最涼爽的冬季，鹽田的溫度也接近四十度。遊客光是待個五分鐘都受不了，但是整個鹽田邊緣切割岩塊的幾十位工人，卻一點沒有停下來的跡象。

他們就算在這個以貧窮而為人所知的國家中，也是工作最辛勞、地位最低下的一群。

這些穿著類似南亞移工傳統沙龍裙的人，是當地的原住民阿法人。千年以來，他們都在這裡做著切削岩塊的工作，一直到今天還是如此。由於利潤微薄，而身為這個基督教國家的少數回教徒之一，他們也沒有別的地方去。

嚮導說，他們的工作內容，是把鹽塊切削成五到七公斤的大小，花七天的時間，從這裡用駱駝載運到距此地約兩百多公里的默克雷（Mekele，衣國第二大城），一頭駱駝可以載運三十塊鹽磚，每塊鹽磚可以用一百 Birr（當地貨幣，當時匯率約台幣一元五角）賣給當地商人，而商人以兩百 Birr 的價格賣出。

「那每塊一百 Birr 的價格中，切削搬運鹽磚的阿法人可以拿到多少？」

「五 Birr（約台幣七元五角）。」

我看著工人嫻熟的技巧，心中開始粗估：若一塊鹽磚切削加搬運需要十五分鐘，一小時就是四塊，一天工作八小時，三十二塊鹽磚，也就是兩百四十台幣。這應該已經是最嫻熟的工人所能達到的程度了。

衣索比亞物價不高。但即使如此，在當地人的餐廳吃個烤羊肉加餅，便宜的也要一百二十台幣上下。幾年前回到台灣的我，身無分文，還欠了貸款和卡債。為了並不多的幾十萬而努力的我，認為自己應該可以被劃入台灣收入最低，地位也最低的族群。

那是我要付的代價。我告訴自己，生命如此艱難，所以能夠工作的機會都要好好珍惜。

然而，阿法人的生活方式和我們並不是同一個層次的。

「那他們的錢，不就都被擁有駱駝的人賺走了？」我還沒提到默克雷的商人。「不然這些工人可以自己雇卡車啊？」

「那誰來付他們薪水？」嚮導笑了。他沒有揶揄之意，只是他無法想像，這麼明顯的道理怎麼會有人不懂。「卡車要自己花錢，而他們當天賺的只夠他們當天花。若幫商人切鹽塊，鹽塊不用成本，他們還能領到薪水。」

「但是這些鹽塊總會有用完的一天啊。」我試圖找出這個體系的漏洞。

「你知道鹽田的深度嗎？」

「多深？」我想，這裡已經海拔負一百了，是能有多深？而且，說不定從耶穌基督傳教以來他們就已經在這裡挖了。

「兩公里。」嚮導一掌在上，另一掌往下劃到地面。「再挖幾百年也挖不完。」

這表示，若無意外，這個民族幾百年後還要在這裡繼續挖？

這大概就是免費資源的詛咒吧。若沒有到真的活不下去，沒有人會想到要改變。貧窮會窄化一個人，甚至一個民族的思維。我看著他們在最溫和的攝氏四十度太陽底下勞動，而且還要繼續下去不知多久的這個事實，只覺不寒而慄。

跟他們比起來，我竟然覺得前幾年的自己是在掙扎求生？

2.5 拉利貝拉／十三個月

Lalibela / 13 Month

清晨街道上，圍裹花色頭巾的婦人掃地時，揚起的灰塵遮擋了晨光的通透，但瞬間即被微風吹散於無形。這座高踞於海拔兩千六百公尺的世界遺產，就與世界上許多被視為神聖的地方一樣，如今小鎮的平淡特質反倒多過於聖域的宏偉。

由十三世紀一位暴虐的基督教國王，在二十四年間橫徵暴斂所建造成的十一座石鑿聖殿，如散落的珠寶盒，每一座各有不同的外觀和結構，而且直到現在聖殿仍然被使用著，實行著世界上最古老的基督教會之一「衣索比亞正教會」的各種儀軌。

前一日才由衣索比亞第二大城默克雷出發，花了整整一天移動，直到夜晚才抵達。從疲勞中休息了一夜，醒來已是八點。出門時，旅館人員提醒我：「今天三點退房喔。」時間還很多，我打算晃到下午再回旅館。

然而我一踏出旅館不到半小時，發現整個鎮上的人都在找我。遇到至少兩位陌生人告訴我，旅館的人在找我。我想，怎

拉利貝拉的聖喬治岩石教堂

麼回事，不是三點才退房嗎。我回到旅館，櫃檯告訴我：「你早已超過退房時間，我們要打掃了。」

「超過？現在不是才九點半嗎？」我困惑的回應。

「現在是三點。」她回。

牆壁沒有時鐘。我看著牆上的海報，13 Month of Kingdom。

我在巴赫達爾、岡德爾、阿克蘇姆都看過類似的文案。

我突然明白了什麼。「請問，**零時**是什麼時候？」我問。

「**三個小時前**。」

「這是『衣索比亞時間』？」

「Yes.」她說。

顯然，他們知道。但是打算讓觀光客享受自己發現的驚喜？

我也太遲鈍了，在衣索比亞近一個月的時間，竟然沒有發現這件事。

在阿迪斯阿貝巴或其他的觀光大城，時間是順應著遊客所使用的公曆來運行。但衣索比亞人有自己的曆法。他們的一年有十三個月，他們的零時，不是我們的午夜零時，而是上午六點。難怪，我想，為什麼巴士上時鐘的時間永遠是錯的。因為時間有限的旅人不常選擇令人挫折的當地巴士，所以，巴士上顯示的時間是給衣索比亞人的當地時間，而非「觀光客」的時間。我為我先前的懷疑感到抱歉，也為我在衣索比亞近一個月才覺知到這個事實而感到羞恥。

怎麼一直懷疑人家錶壞了呢，原來有問題的是我啊。

若要做一個測驗填空

印度—泰姬瑪哈陵　／　衣索比亞——的話

稍有概念的人，答案會填上拉利貝拉（Lalibela）。

我在這裡，經常看見超乎預期的壯麗山水。一望無際的高原、峽谷與山峰，給了此地的自然人文一種參差錯落的山谷和遼闊的公路混合的兼容並蓄。比亞洲粗獷，但細膩於北美。

而在以基督教古蹟文明的拉利貝拉，整塊紅岩直接往下開鑿——在聖喬治教堂（Bet Giyorgis, Church of Saint George）和其他教堂所採用的構築方式，這豪邁的工法，讓我瞬間覺得許多的偉大的建築技術追求，似乎這時都顯得謹小慎微而侷促了。

距離拉利貝拉最接近的兩座大城：默克雷和阿迪斯阿貝巴，搭車時間都同樣需要大約十四小時。所以，在拉利貝拉遇到九成的觀光客都是坐飛機來的。

事實上，搭乘衣索比亞航空國際線來到此地的歐洲人，再買一張國內線單程四十分的機票來回拉利貝拉，票價四折。輕鬆愉快且無痛。所以他們並沒有必要像我一樣，從默克雷花費十四小時前來。包含並未在作為中間點的一座小鎮及時搭上另一部小巴士的六小時等待。並未搭乘上當地小巴的我，只得枯坐在路邊等待，如同《等待果陀》的貝克特一般。

這部劇作的靈感一定跟旅行的長途等待有關吧，我想。

光是等待本身並不悠閒，因為不了解狀況，必須詢問每一班經過的車輛司機與在車輛停下時，每一位湧上的旅客。在這一點上，衣索比亞人也未必比我更清楚，什麼時候屬於他們的車班即將抵達。

我了解的。在印度的火車站，最多這樣的人，彷彿有無限的時間長期抗戰似地全家打地鋪、野餐、看報……火車是否準點抵達，或者是否被取消，是天意的安排：是「摩訶婆羅達」中梵天與阿周那對話中揭示不可避免的命運……而這樣的命運戲碼在衣索比亞的公車總站，會以透過車窗小麵包車司機互相爭奪白嫩肥軟的外國遊客的推擠叫嚷而上演。甚至有時隔壁車的司機會試圖把手伸進來把肥肉，不，是旅客，拉出去到他的車裡安坐。

為了來到前往聖地的中點，我剛參與了一場生存之戰，但在這裡等待是否能讓行程得以推進，這種選擇上的煎熬，又是另一場戰役。

正當我降服於命運之際，一輛經過的壓路機，駕駛以不應出現在預期中的語言向我招呼。

我急著把許久未聽到的簡中字幕，轉化為腦內可解讀的訊息。

「來玩的？來多久？」司機年紀大約三十歲後半，一張方臉，東北腔調。我回答了他，並說明我為什麼會在這裡，並詢問了對方同樣的問題。在他鄉遇到可以用普通話溝通的人，很明顯地對方比我還開心。

「我嘛，來工作的。十年嘍。這裡的路，都我們（中國人）修的。」

難怪通往達那基爾低地，以及各觀光區的道路柏油又黑又亮，一個坑洞都沒有。也許非洲人有能力蓋出這樣的一條道路，但是他們絕不可能蓋得比中國人快且便宜。

這些遍布全國的許多嶄新柏油路，和路旁民宅的不協調，就跟曾經不存在行動電話的緬甸，短短幾年突然人手一支智慧型手機一樣，絕不是自然形成，而是有國家的力量介入。

我問他：「那你打算待多久？」「蓋完就走嘍！」他說。「不然這種地方，哪裡有我們家鄉舒服。

趁這幾年多賺點錢，回去開個小店，我老婆小孩都在國內，現在國內發展可好了，搞不好錢賺的還比這裡多……」

「那怎麼不想早點回去？」我問。

「待得久了，也習慣了，」他回答，「回去也不知道要幹啥，至少在這裡，還能賺個幾年嘛。到時要走，還得先玩一玩再走。在這這麼久了，也沒像你一樣到處轉轉，我也挺想像你一樣……」

中國經營非洲已經有六十年了吧。以縝密的計畫，如此漫長的時間，而成果是豐碩的——大半個非洲都成了盟友。在整個非洲的任一個角落大興土木，從莫三比克到衣索比亞，在非洲工作的中國人無所不在。藉由貸款和各式建設計畫，使得整個非洲，變成了緩解中國人口就業壓力的新興市場。雖然無法和過去歐洲人的殖民剝削相比擬，但同樣地也使得非洲人在經濟上自主的那一天，不得不重新往後延了。

我在想，在來到非洲大陸短暫的時間，我對於前往世界任何一個地方生活都更有自信了。但我未必能像這位中國人，在這裡討生活那麼多年。我能夠比他更加堅忍嗎？

旅行的時候看到的人，他們的生活讓我反思，自己憑什麼可以過著，付出少少的努力就能夠得到溫飽的生活。

我們以為全靠自己的努力，形塑了周遭的世界為己所用。但是真相經常是，命運的隨機分配對我們來說，影響更大。這讓我謙卑，並懂得將阿法削鹽工人、中國工人和我們自己等量齊觀，而不去貶抑任何一方。

2.6 哈勒爾／百年前的牆內
Harrar / One Hundred Years of Jugol

據說，這是一座繼沙烏地阿拉伯的麥加、麥地那，以及以色列的耶路撒冷之後的回教「第四聖城」。但現在，無論從什麼角度來看，這裡都擔不住這個過於沉重的名號。這裡沒有頗負盛名的大清真寺，哪怕阿布達比或杜拜隨便一個清真寺都遠勝於此。而以人口來說，恐怕印尼隨便一個小城的人口也遠超於此。唯一能夠維繫名號的，就只剩下這座城市悠久的異教歷史。

八百多年前，由遷移來此的阿拉伯人建立的這座城市，以被打造的城牆「Jugol」圍繞，將此地打造成保障商業安全的要塞。

古城牆將民居與百餘座清真寺包裹在其中。古樸的城牆，似乎連時空也一併封裝起來了。行走在期間感受到的偉大，不在於古城建築的精美

哈勒爾的牆內印象，和百年前的照片差不多

或壯觀，或是環境與文化維持得有多好。而是居住在這座古城內的人，所賴以為生的方式、衣著裝扮、表情與姿態，比對百年前的黑白照片，仍然相去不遠。

城內到處都是穿著五顏六色罩袍的婦人，以一種完全不同於基督教衣索比亞的異域風情，頭頂各種食器、水果、乾草和籃子在街上談笑走過我的身邊，可能要前往城門口販賣剛剛頂在頭上的商品。包裹在飄逸長袍底下，黑人高大而苗條的體態給予她們一種天生的尊貴氣質。我猜這是法國詩人亞瑟·蘭波選擇此地經商的原因之一。我認為一百多年前的他和我看到的景象可能不會差太多，而唯一不同的可能會是，我們會分別被男女不同性別的身體魅力所擄獲。

就算是衣索比亞，也不容易再找到一個與五十年前看起來差不多的地方。但，即使看起來差不多，哈勒爾古城也消失了許多事物。一代又一代，居住在這裡的人們所保有的生活方式遲早會流失——如同語言。

哈佛大學人類學教授，和國家地理學會駐會探險家華德·戴維斯（Wade Davis）在他的著作中如暮鼓晨鐘地警告人們：

> 語言代表著生活方式，而世界上有六千種語言。但不到一個世代的時間，其中的一半就會永遠消失。

旅行者追逐終將逝去的風景，在最後一個說故事的人消失之前。

即使不能挽回必然消失的命運，但我希望自己能成為那個追逐的人。這裡的生活方式還會維持一段時間吧。在衣索比亞，十三個月的王國之上。

馴化如鬣狗、獵鷹

夜晚，觀看以生肉餵斑鬣狗的傳統。這種表演性質的活動，是從一九六〇年以來，為了避免牠們侵害家畜作物而產生類似獻祭的行為。但最終，這種方式被納入外國觀光客的獵奇行程。日復一日，隨著更多的觀光景點被開發，即使仍有大批觀光客來訪，仍然阻礙不了這種傳統步入式微。某方面來說，被馴化的鬣狗，恐怕也逐漸失去了幾十年前的野性？

我們無從得知。但結果就是，「**鬣狗餵食人（Hyenas Man）**」由全盛時期的數百人，到如今僅剩最後兩人。若無意外，也許在這兩人過世後，人類和斑鬣狗的馴養關係也就結束了。

貧窮國家的脆弱性，除了始終貧窮而無力抵禦衝擊，還存在於，為了力爭上游而急於拋棄那些值得被保留的美好。為了成長而犧牲多樣性，這件事在每個國家都發生過，如果沒有爆發世界大戰的話，非洲總有一天也必然會發生。

身為觀光客，我喜歡觀看那些對當地人來說顯得有些無奈、殘酷但懷舊的奇觀。但我們沒有權力阻擋，當地人民想要賺更多錢、過好生活的渴望。

在市場裡，放獵鷹的人操控獵鷹從我們手上搶走肉塊。我捏著被啄痛的手指，以為放鷹人應該會更精準一點的。但我還是給了他一美元。

一美元，不過十幾秒。放鷹人露出了大大的笑容。這收入算是不差了。

但若中國人開的製鞋工廠不是在阿迪斯阿貝巴而在這裡，恐怕就連放鷹人，也會考慮穿著塵封的舊西裝去參加面試吧。

我對於非洲人的第一印象是正面的。衣索比亞人，窮，但不卑屈。

除了零星的粗魯流浪漢，和在小巴車站搶客的野蠻司機外，大致上當地人皆相貌高貴、舉止得體、也不騷擾人。對外國人好奇的孩童索要金錢行為的比例，還在可接受範圍內。

非洲聯盟的總部設於此地是有道理的。作為唯二未被殖民，以及唯一有自己文字的非洲國家，衣索比亞人擁有某種程度的自豪與文化認同。或許這種認同，使得他們即使貧窮，也儘可能保持尊嚴。事實上他們是有抬頭挺胸的條件。畢竟衣索比亞有一億一千兩百萬人，是非洲第二大國。雖然他們仍

圖為「Hyenas Man」以生肉串於嘴邊餵食體型接近人類大小的班鬣狗。

未恢復過去的榮光。但在我看來，他們未來向上發展的機率應該仍大於向下。

身為文明古國子民，即使貧窮，也依然具有一種意識，一種「曾經擁有過，今後也即將再度擁有榮光」的自尊。若那自尊導向外部，就會高揚自身，貶抑他人；導致窮兵黷武，生靈塗炭。而若那自尊導向內部，就會導向自我反省，學習他人；導向發憤圖強，舉國團結。

一個普通人不管失敗幾次，只要曾經成功做到一次自己理想的目標，要再成功一次，就變得相對理所當然。

因此，對於脆弱的人或國家，任何微小的成功，都是彌足珍貴。來到了生活艱難的地方，我們看見，我們理解到他們的艱難。不做批判，不做嘲笑。我們從他人身上看見自己的可能，我想要帶著這種滿足回到自己的地方。

再努力一下。再一下就好。

當地的機械維修工坊。

3

伊朗

巨靈的對立

IRAN : LEVIATHAN V.S. BEHEMOTH

我不認為「伊斯法罕半天下。」
但我會說「波斯人對於感官之美的歷史比重，也許占了回教徒的一半有餘。」
伊朗，是回教世界的法蘭西。

一九七九年後成立的「伊朗伊斯蘭共和國」，原是人民對於上層親美西化而擯棄傳統伊斯蘭潮流的反動，但經歷了兩伊戰爭等危機而存活下來的這個新生國家，在屢次與美國作對獲得盟友的支持下，反而成為與沙烏地阿拉伯、土耳其爭奪中東霸權，決定未來阿拉伯世界發展路線的三足鼎立。

世界上極少國家像伊朗：以宗教神職威權統治國家，同時卻又具備穩定的民主選舉機制。伊朗的最高領袖，是掌握軍權並作為最高宗教領袖的「大阿亞圖拉」；而治理國家的主要領導，則是自由民選的總統及議會成員。掌有實權的宗教領袖們，聰明地把世俗瑣事「外包」出去，才能將心力利用在最核心的議題上。核心議題一言以蔽之，就是**定義一件事有多「伊斯蘭」的權力**。

這樣的話語權競逐，決定了幾乎所有今日旅人所見，伊朗別於其他伊斯蘭社會的風貌。

似乎整個回教世界，都無法避免加入這場比較「誰更伊斯蘭」的宗教軍備競賽。這關係著，掌握回教世界發言權的正統地位。簡單地說，誰能證明自己最接近一千三百年前的最後一位先知，穆罕默德在可蘭經中所揭示的道路，誰就擁有回教世界的話語權。完全不需考慮人口、經濟發展、制度、藝術、政治體系及文化傳統。在宗教的面前，這些全都是次要的。

意圖挾宗教以令諸侯的許多支派，如雨後春筍地接收心懷鬼胎的強權贊助，最終催生了許多欲在這條路上「彎道超車」的極端組織。其中最著名的，像是曾以奧薩瑪·賓拉登策動的911聞名的蓋達組織，以極端保守聞明的阿富汗塔利班政權；以及試圖在中東建立一個摧毀所有現代秩序的伊斯蘭國。極端組織發展至此，與「伊斯蘭」這個詞語原本的意義「順服」，再無相關。

只是，身處風暴圈外，距離遙遠的我們不知道，更不在乎。

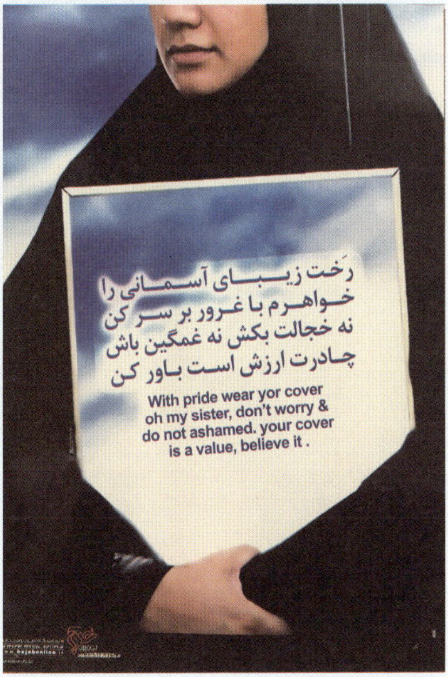

With pride wear your cover oh my sister, don't worry & do not ashamed. your cover is a value, believe it. (自豪地穿上妳美麗的黑色罩衫進入天堂，我的姊妹，不要羞恥，不要憂慮，妳的遮蓋是值得的，相信我。)

鼓勵女子戴頭巾的宣傳海報。女性的自主穿著議題在伊朗，是天堂與地獄的區別。

3.1 設拉子／感官之城

Shiraz / The City of Sensuous

由德黑蘭南部的小城卡尚（Kashan）前往設拉子（Shiraz）的夜鋪火車上，穿著卡其站務員制服的侍者帶來水、小餅乾，還有熱水壺與紅茶茶包；當然，少不了大量的方糖。紅茶是伊朗人少不了的飲料，不管是茶葉還是茶包。我們學會像伊朗人一樣，口含方糖啜飲著滾燙的紅茶，苦澀的熱流順過方糖顆粒狀粗糙的甜味一併沖進喉嚨，讓苦甜相伴的甘味在舌後融合。有時在路邊小攤看到方便的做法：把黃色結晶狀的棒棒糖放進紙杯裡，熱水一沖下，讓甜味直接在茶裡融化；講究一點，則會用一片內含香料碎屑，略呈圓形的不規則扁糖片取代方糖，如此一來，味道更細緻，也不至於攝取太多糖分。

伊朗人一天喝上七、八杯茶肯定是家常便飯，因為就連身為旅人的我們，很自然地就會如此。三餐都配茶，一杯肯定不夠，就算再如何減糖，含在口中的方糖也會融化，這時就要「再來一顆」。沒有方糖的茶，和身在伊朗的情境，有著先天的排斥感。因此，我不得不經常留意到糖尿病宣導的海報，這肯定和過量攝取糖分的罪惡感有關，但是對於這點，想必連政府也是無能為力吧。

車廂內部非常潔淨、新穎。我們的包廂是分成雙邊各兩人的上下鋪，上方的床可以收起，只有在睡覺時間打開。下鋪兩邊的中央，有一個可以拉下來的小茶几。沒想到可以在火車上感受機艙的服務及設備，想著茶也喝得差不多的時候，站務員又走進來幫我們加了一次熱水。於是我們又喝了幾杯茶、用光大部分的方糖。

波斯文化是方糖構成的衛星，因此我們像太空人般踏入這高糖分的新世界，而踏出的這一步，絕對是離糖尿病更近的一大步。

走出包廂，是一條長長的走道和隱約可以瞥見外面夜間微光的大片窗戶，以及黃昏及清晨時刻的一整片寸草不生的荒野。這是現代的東方快車，對來自遠東的旅人來說，這種經驗十分符合歐洲人對亞洲愛德華．薩伊德（Edward Said）「鄉關何處」的東方幻想。

相較之下，遠東根本不是東方。不管中日韓或我們，價值觀和生活方式皆早已西化，遠東地區，早就變成新的西方。伊朗雖然位於我們的西方，但是我卻在此感受到西方人對東方的幻想。

設拉子是歷史上的感官之城，然非縱慾之城。

中世紀的回教世界，是未熄滅的文明火炬。從亞里士多德（Aristotle）到阿維森納（Ibn Sina），回教徒保存了一切黑暗時代在歐洲被摧毀的事物。在整個歐陸以宗教之名行相互攻伐之際，回教世界在宗教的兼容並蓄之下，持續產出偉大的詩人、哲學家，還有旅行者。

在設拉子曾有的黃金年代中，除了夜鶯與玫瑰，還有延續千年之久的伊朗釀酒業。

伊朗最早的釀酒歷史，可追溯至七千年前。而設拉子的葡萄酒行業，至少從西元前兩千五百年就已經開始。一邊啜飲葡萄酒，一邊吟誦著哈菲茲的詩句，曾是設拉子美好年代的日常。想起回教徒對於酒的禁忌，這座感官之城竟被允許存在，在各方面都可說是特例。

然而，今日葡萄酒瓶上的"Shiraz"字樣有時會招致誤解。實際上，Shiraz不管是作為產地，或葡

夜晚的哈菲茲墓園

萄的品種，完全與今日的設拉子沒有任何關係。當法國人將葡萄酒這種「魔性之泉」加上具異國風情的酒鄉地名做為一種商業宣傳，就像今天的勃根地或波爾多，那只說明了設拉子在當時有多麼聲名遠播。而長期保有這美好的矛盾，禁酒而產酒的伊朗釀酒業，在伊斯蘭革命之後的神權體制下，便再也沒有復甦的可能。

玫瑰的芬芳與夜鶯的聲律

水是這個遍布黃土的高原王國是最奢侈的存在。也因此，花園代表的便是天堂的樣貌。尤其單純地為了裝飾性的噴泉，花園需要大量的水。被浪費的水有多少，便等同於建造者豐盛的資源、財力以及權力有多少。水的奢華，是身處於多雨的亞熱帶島嶼的我們所無法想像。

因而在彰顯權力之所，皇宮、廣場、豪宅及陵寢，花園和噴泉都是必備之物。

天堂花園在高原的強烈日照下，在寒冷的一月看來卻仍如盛夏。這使得慕名的遊客不畏寒冷，一群群像蜜蜂般在遍布花叢和清涼的噴泉間逡巡，享受純淨而豐盛的天堂景象。

到了夜晚，天堂開始向感官的一面傾斜。當地的年輕男女三兩成群，在環繞著哈菲茲陵墓——最偉大的波斯詩人安息之所——周邊的簷廊下佇立著，聆聽詩人是否真假借夜鶯的耳語來傳達。在這個國家每個人都能哼上幾句的詩句，以波斯人的浪漫，詩句如同浪漫的聖諭，能讓玫瑰的芬芳在夜間如罌粟花般令人迷醉。天堂抹上了肉慾的色彩，雖然虔誠的回教徒會否認，但最終波斯子民不會在想像中繼續和我爭論，而會一起享用空間中感官色彩強烈的神祕。

哈菲茲的陵墓，包含了僅是水泥砌成，六至八呎長的樸素立方體，以及以象徵伊斯蘭的八根柱子支撐覆蓋棺槨的圓頂。這八根柱子，在圓頂內部構成了端點相互切割出重複的幾何圖形，寶藍和粉藍色鑲嵌在圓頂內部，由柱子的頂部打光，由下仰視圓頂，如同太空船內部結構的神祕幾何，像是要把人吸進去一般地，不知何以名狀地顫慄，在詩人存活著的中世紀自我重複的幾何與神學，都同樣導向蘇菲派的伊斯蘭神祕主義。迷失在幾何的感官之美中，我羨慕那個數學、物理、哲學和神學還未被細分的時代。

在我們的時代，任何事物都分得太細，就連旅行，這本質在於尋求不可預期經驗的活動，能得到的，也僅剩那個時代所有神祕體驗的零頭而已。

波斯人早在回教紀元前，已發展對於感官之美的熱愛。在政權下被屢禁不絕的詩歌與音樂、戲劇及電影，仍然在各個角落生生不息。尤其是在遠離德黑蘭的文化重鎮設拉子與伊斯法罕。政權能夠摧毀所有違反正統的創作，卻摧毀不了身為古波斯子民的事實。

在內心的深處，波斯人的靈魂雖認可了真主揀選阿拉伯人的旨意，卻不妨礙伊朗人在內心深處，仍以身為比過去曾為野蠻人的阿拉伯人更為悠久的古國子民為傲。

3.2 好伊朗人的都市傳說
Urban Tale about Generous Iranian

伊朗，常被當作是一個神祕、危險等被誤解的印象，遠超於許多其他回教國家的存在。當計畫動身前往的旅人，向去過的人徵詢關於伊朗的意見時，最先會得到的印象，大約九成會是「伊朗人很好」這種像是搪塞的答案。但在詢問許多人都得到一樣答案時，便開始懷疑：「所以這個國家是只剩下人很好這個特色嗎？」或者「到底是有多好呢？」甚至懷疑，這是否是「只有去過的人才懂的」那種，平淡而不帶惡意的優越感？

於是這成了少數欲前往伊朗旅人們的**都市傳說**，成了一項期待在伊朗獲得解答的課題。

年約三十多歲，戴著黑框眼鏡，高大、斯文而動作緩慢，有著學者氣質的阿里是我們在設拉子期間的沙發主。外表與談吐都十分斯文的他，擁有物理學碩士的學歷。他在回答任何問題的時候，總會謹慎地想一下，有時思考的停頓會相當長。這是慣於從事非勞力工作，腦力活動頻繁的人會有的現象。他目前在租來的房子裡專心讀書，準備將來前往美國研讀博士。他擔任沙發主的經驗包含我們目前僅有兩次，而兩次都是台灣人。他與上一組台灣人相處的過程中據說十分歡樂，而被上一組台灣朋友介紹來的我們（不是那麼歡樂）接著抵達。可以說，我們說不定會塑造他沙發生涯的僅僅兩組台灣人百分之五十的印象，這個責任十分重大。

也許是我多慮了，因為我們也是第一次「被沙發」，而我一直不習慣沙發衝浪。

因此這一次，也極有可能是我唯一的一次沙發體驗。

我們在主人家典型的一餐，是從麵餅、小黃瓜加起士、番茄，以及無限供應的茶和方糖開始。他們對於供應客人無限量食物，似乎覺得是理所當然的事。

只是這樣的盛情難卻，對擁有饕客基因的台灣人來說是有些辛苦的。三餐都吃一樣的東西實在可怕。但，這個世界上有許多民族的早餐、午餐和晚餐並沒有明顯差別，而這一點身在台灣的我們可能難以理解。

於是，當我們在沙發的最後一晚，終於在廚房做了番茄炒蛋、乾炒四季豆等家常料理的時候，所有人都不可置信地在旁邊看，尤其是阿里的妹妹莉妲，更興奮地在旁邊全程用手機錄影。

她一定在想，怎麼有這種做菜方式。

呆站在旁邊的我，看著阿里在旁一臉無可奈何的淡定表情。畢竟在許多地方，廚房一向沒男人的事。他應該是那種，有人在旁邊熱鬧就自己默默「安靜著開心」的男人吧。

我突然就擅自想像了他想去美國的原因。

只有美國，提供了最豐富多樣，像他這款理工宅男的**逆轉勝**案例。而在美國以外的所有國家，宅男都是吃力不討好的，異性眼中不存在的存在。而伊朗沒有意外地，也推崇南亞電影中那種野蠻而油膩的男子氣概。

更多的宅男。雖然不討女性歡心，但是其實若能留住更多這樣的人，國家才會走向繁榮。

在那當下，我誠心地希望他能達成出國的願望。

在伊朗，外國人的被辨識度十分地高，身為台灣人的我們完全明白。而為什麼要對外國人這麼好，台灣人也十分可以理解。除了天生的好客及熱誠、同理心，以及相信人性本善的價值觀之外，更因為我們非常了解，外國人來到台灣的理由並不複雜。為了偷渡打工、賣春、假結婚以獲得簽證、犯罪逃逸、詐騙集團的外國人在台灣的比例並不高。通常外國人不是來旅遊，便是來念書的。這樣的人先天就對這塊土地與人抱持善意，當地人與喜歡自己國家的外國人接觸，很少危險，更多是愉悅的交流經驗。

而在伊朗，這樣的目的更為單一。只剩下遊客，以及喜愛波斯文化的人。

因為政治上的敵人進不了伊朗，在伊朗求學的人更少。在美國的媒體轟炸下，來到伊朗的旅行者都是碩果僅存，習於獨立思考並對伊朗有善意的人，這些人，都值得以賓客之禮對待。

我們不只一次在街上被攔下來詢問：「你喜歡伊朗嗎？」當我們回答「是」的時候，對方也一定會以十分紳士的姿態回答：「歡迎來到伊朗！」另外，也有多次被路上或商店中攀談的人，邀請回家吃飯或留宿的經驗。

而在像是粉紅清真寺或波斯波里斯，經常會看到校外教學的地方，身為亞洲人的我們常會被一大群穿著從頭包

你喜歡伊朗嗎？

到腳的黑色罩衫（Chador），天真而羞澀的女學生要求合照。那給我十分違和的印象，有點類似看到藏傳佛教僧侶在重金屬音樂會（並沒有不行）上嘶吼而愕然的狀態。

被一群黑衣小妹妹包圍，我感覺自己被以一種介於動物園的熊貓和防彈少年團（ＢＴＳ）的稀有動物被看待。因為合照規模往往盛大，我開始在記憶裡搜索：即使是在台灣的外國人，也不曾體會這種待遇吧？

也許有，我不知道。只能想像。畢竟我這一輩子，不可能會有在台灣被當作外國人的經驗。

但我猜，伊朗人的慷慨和熱情，也許是與外國人本就稀少、國際處境的孤立、相對封閉的單一社會、波斯的待客傳統文化與渴望被外界理解交流的願望交織而成有關。我的羞澀來自於覺得自己「被高估」，若有朝一日伊朗社會更加開放，因大量的觀光客湧入所衍生的機會或問題產生之時，他們或許會發現，更多的旅人只是依賴伊朗人對外國人以賓客對待的善意，而並未付出同等的相互尊重，伊朗人對待外國人的標準，就不會因旅人異國的臉孔而給予特殊對待，反而會視其為麻煩。

希望旅人們能把這種信任當成一種資產去保護。因為我知道，伊朗人對外國人的好，總有一天會像股票的價格反應其價值一樣，均值回歸到旅人本身的表現上。

3.3 波斯波里斯／伊斯蘭公路
Persepolis / Visiting with Sadi

加拿大詩人、歌手**李歐納·柯恩**（**Leonard Coren**）在其小說《美麗失敗者》（Beautiful Loser）中，我記憶裡最具詩意的句子，是一小段主角開車奔馳時所看到的意象：讓遠方的牆向車子直撲而來，而非車子奔馳撞上牆面。

我感覺，每個人生命中發生的許多重大事件，幾乎都是向我們「撞過來」而非我們主動追逐。那種實際存在，卻不可事先預知的重大衝擊，「讓牆撞上我們吧。」那就是一九六〇年代垮掉的一代以降，達摩流浪者們企圖在路上所遭遇的未知。

對於公路的崇高化，是「公路電影」這個系譜誕生的起源。最早的公路電影參照了十九世紀的壯遊傳統，而壯遊傳統又光榮地回溯到希臘史詩《奧德賽》中主人公奧德修斯的歸鄉之路。

但直到一九六〇年代的美國，那個汽車工業與戰後經濟騰飛的年代，公路旅遊成為你我都能辦到的真實可能後，流浪的精神便換了一個殼——必將再起，其勢更烈。

直到今天，我們以「膚淺的觀光客」身分，輕易實行李歐納·柯恩，甚至是「垮掉的一代」那些浪蕩的心靈旅者一樣身在路上，除了少一點的大麻、少一點的縱慾和多一點單純觀景的愉悅。

在一部八〇年代的伊朗國產車裡，伊斯蘭公路上所隱現的雪山頂部，與底部道路盡頭大片的黃土，那像一道巨牆向我們緩緩靠近，才讓我突然腦海中浮現這位作家的文字。

我不知道，若李歐納·柯恩不是加拿大人而是美國人，會不會用相同的句子來形容伊朗的公路，這樣形容，對伊朗人來說是否比較褻瀆？

畢竟，自從伊斯蘭革命後，過去曾經水乳交融的兩個國家，如今是不共戴天的死敵。

但公路就是公路。不管名字叫伊斯蘭公路或基督公路、佛陀公路，或無神論的公路，都好。對在路上的人們前往目的地的路徑，並無不同。

> 道路是空間的展延，而生命是時間的展延。

透過車窗玻璃和鐵皮，以及引擎聲包覆的安全感，我們在路上感受生命的流逝。這種感受在我們身處高原涼爽的空氣和飛揚的塵土中，在旅途中被不斷增幅，僅在遇到軍事設施時稍稍收斂了此種「放鬆而專注」的出神狀態。

與薩迪同遊

離開了哈菲茲陵墓後的回程路上攔不到計程車，於是招了一台私家車，未經太多思考，坐上

伊朗的公路

副駕駛座，我告訴司機：

「Near Faqihi Hospital, Please.（請載我們到法奎希醫院附近。）」

「Hospital? Not Hafez Tomb？（醫院？不是哈菲茲墓嗎？）」

「No, We' re just leaving from there.（不，我們剛離開那。）」

「OK.」

大約十五分鐘的車程中，坐副駕的我與他聊天，他告訴我，他叫薩迪。

「就是那個薩迪，哈菲茲、薩迪。薩迪、哈菲茲。」

他的英文不算好，但這樣的比喻綽綽有餘了。所有國家的計程車司機，都是雜學最多的一群人。因為長時間與人接觸與長時間獨自開車，他們與人交流和沉靜思考的時數都非常易於累積。我更喜歡思考。但坐在副駕的我，不得不擔負起聊天的「義務」：

「薩迪，那個詩人嗎？」

「是的，我的父親給了我這個名字，所以，我是這個城市的名人。」

「那麼，你也會背誦他的詩嗎？」

「當然！這個城市每個人都會。哈菲茲、薩迪。薩迪、哈菲茲。」

我問了他一些問題，他說他並不住在設拉子。而且他說：「我沒有信仰。」

當然，他也不是什麼馬克思無神論者。薩迪告訴我，這個國家大部分都是什葉派，而他不只不是什葉派，連回教徒都不是。他自己選擇成為沒有宗教的人，不上清真寺、不朝拜、不理齋戒月，他孑然一身。他告訴我，是不是一個好人，和那些沒有關係。選擇成為一個好的穆斯林，和不信教的好人，

「都一樣！」他說。

聊起接下來要去的地方，我說，我們打算在波斯波里斯停留，再前往伊斯法罕。他說，若還沒有決定如何前往的話，他可以效勞。他經常來往於兩個城市，在伊斯法罕也有地方住，若以私家車前往，他也可以帶我們去波斯波里斯周邊其他景點，會比自己去來得方便。這個人給我感覺很好，於是我便留下了他的電話。

隔天一早，他準時來到阿里的住所門口，幫我們把行李上車。我們講好，他會載我們從設拉子，途中遊覽波斯波里斯，一直到伊斯法罕。這是個清爽的冬日清晨。在晨光照耀下，我清楚見到薩迪的長相——

他年紀大約五十歲，中等身材，以伊朗人的身高來說算小個子。穿著一件深藍色的毛絨西裝外套和格紋襯衫，端正的五官向後梳著上了髮油的造型，看來像是《教父》中的艾爾·帕西諾，只是年紀大了些。沙發主阿里陪我們一起到門外道別，我們也向阿里介紹薩迪。阿里和薩迪說了幾句話，留下了彼此的手機號碼。

「阿里真細心。這樣夠安全了。」我心想。

波斯波里斯（Persepolis），意思是「波斯人的城市」，西元前六世紀由大流士所建，在前三三一年被亞歷山大大帝焚城。一九七九年列入世界文化遺產。

在看到波斯波里斯的第一眼，腦中浮現的名詞，是年幼時讀過田中芳樹小說《亞爾斯蘭戰記》中的王都「葉克巴達那」。雖然，真實歷史中葉克巴達那的藍本，應該是位於伊朗西北的古城哈馬丹（Hamadam）。即使是通俗小說，作者也認真地考察了很多資訊。隨著踏上旅途，我將世界像藏寶盒般一個一個打開，其中最常挖掘出的寶藏，經常不是看見前所未見，而是當終於見到面的時候，才發現我們早已認識。

這種「認識」被隱藏在一生中看過的所有連續劇、通俗小說、電玩遊戲與流行雜誌裡。這個時代的我們十分習慣在去過那個地方前，就先被灌輸了很多那個地方的一切。有時當我們終於造訪，得到的是想像與現實得以融合的快慰。但也有很多時候，獲取過多的道聽途說，令我們陷入自以為了解，卻以偏概全的錯誤印象。而通常，我會從未造訪過當地的人聽到「某某地方很危險」這樣的話，譬如印度、北韓，或者伊朗。

波斯的核心地帶從未被征服。在亞歷山大帝焚城之後，這裡不再有同等規模的大規模征討發生。除了進入遺跡前的安檢門看到零星遊客，整座古代遺產幾乎只看得到我們一行人。沿著被稱為「萬國門」的入口門柱，在巨大門柱上人面獸翼巨獸的俯瞰之下，我們進入波斯帝國大流士一世開始建造，歷經三代，七十年仍未完成的巨大都城。

在這個乾燥而平坦的黃土平原上，一覽無遺的廢墟，就是古代波斯帝國當時世界最大規模的都城。由於乾燥少雨，被挖掘出來的部分，看起來並不像兩千年的歷史，彷彿這些巨大的建築群剛蓋好就廢棄一般。相較起其規模，整個宮殿被使用的時光不成比例地短暫。

要比喻的話，波斯波里斯就像皇宮中的鐵達尼號。

在其中走過，想像數千年前的人聲鼎沸，在日復一日的強風與日曬的侵蝕之下，即使到現在存留的殘餘，仍然如此巨大。在這無法被填滿的空間中，彷彿有一種虛無的能量。

也許，是古代波斯帝國的光榮與名望太過巨大，使得伊朗伊斯蘭共和國，即使在這麼激烈地向神權靠攏之後，仍然無法成為純粹的伊斯蘭國家，而只能是神性的伊斯蘭與感官的波斯二者的結合。再加上，從歷史上伊斯蘭的大分裂之後，什葉派的波斯成為了壓倒性的存在，而不得不與遜尼派的阿拉伯國家們分道揚鑣。這種教派的隔離，使得伊朗人在回教中獨樹一幟。雜揉後形成的特質，是無法在其他遜尼回教國家中找到的。

在帕薩加迪（Pasargadae）的居魯士陵寢前，薩迪將我們放在入口處，然後右手指著一點鐘方向。

「看完後往那邊走。」

他要我們行李全部放在車上。

我戰戰兢兢地邊看邊回頭。

「若是他就這麼開走了……這裡完全沒人耶。」我說。

「應該沒問題吧。」小汪說。

我不無警戒地看完了居魯士大帝的陵墓，以波斯波里斯的角度看來，就像淡而無味的前菜被放在主菜後上桌，我在意的，是薩迪會不會在他說的地方出現。

而當我們看完愈往那個方向走近之時，薩迪的車就停在前方十五公尺處。

什麼時候出現的。我鬆了一口氣。

到了伊斯法罕的旅館前，他要我們坐在車裡。薩迪拿著其中一個行李，進去找旅館主人，當他出來的時候，又幫我們把其他行李拿進房間。

「都搞定了。」他說。

「你今晚住伊斯法罕嗎？」我問。

「我住……伊斯法罕、設拉子。設拉子、伊斯法罕。」他說。

他英文並不好。但我猜得出他的意思：別擔心我，我在這兩點間來回，我可以住這兩點間的任何地方。

我沒有宗教。我想到薩迪的話。他選擇當個不信教的好人。他孤身一人，只是一個司機。

但他以一種哲學家的尊嚴，做好他被賦予的事。他得到應有的尊重，他配得上他的名字。

薩迪

3.4 伊斯法罕／曾經的半個世界

Isfahan / Once the Half World

星期五的伊瑪目廣場前，清真寺方拱上的藍色磁磚，在暖陽照射下閃耀。以外地遊客為對象的觀光馬車，在圍繞著中央草坪的水泥走道上巡行，出遊的家庭們在廣場中央的草地上野餐。廣場很大，足以容納許多人，孩子們在草地上奔跑笑鬧，而母親們把握時機，在圍繞著廣場四周建築內的店鋪，及廣場北門內的市集添購行頭及日常用品。

這一年嚴寒並未降臨伊朗全境。別說下雪，就連雨也難得一見。這點可以從由三十三孔橋下一滴水也沒有的乾裂河床初見端倪。

伊斯法罕是由波斯歷史上強大王朝——薩非王朝的阿拔斯一世，在十六世紀末開始重新打造的首都。其中主要的建築，幾乎都是他任內完成的。

阿拔斯一世統治期間，這座城市是世界上最繁華、最美麗的城市之一，遂產生「伊斯法罕半天下」的溢美之詞。波斯一直以來都是一個多民族王國，由於位居東西來往的關鍵要衝，直到宗教、國家與護照制度的三位一體就位為止，維持種族與宗教純淨一統的理念在那個時代並不受歡迎。國王允許各民族的人們來此居住，展現了波斯的統治者一向兼容並蓄的大度。然而從十八世紀開始，經歷了帝國長期沒落後，首都最終移至了德黑蘭。自此，伊斯法罕再也沒有恢復過去的地位。但同時四百年前的遺產卻保留了下來。其中的精華，便濃縮在這座廣場的四面建築：伊瑪目清真寺、希克斯羅圖弗拉清真寺、阿里卡普宮，以及伊朗最大市集之一的凱沙里葉市集。

由過去繼承了波斯的藝術文化、市集和精美的建築。但伊斯法罕，作為伊朗的第三大城市，不僅僅只有這些。這座城市的基底，實際上是包含航空、重工業，以及核設施的重鎮。

在即將進入這個城市之前，薩迪提到：「這附近有核子設施。拍照是不被允許的。」我無法判斷他的意思。是可以拍，或不可以拍？他的語調既沒有擔憂，也不存在幸災樂禍。像是僅僅作為事實描述，或者只是不置可否「要做你就做吧」……這麼說來，又像是暗暗地鼓勵？

被國際媒體多次提及的核反應爐，就建設在伊斯法罕周遭的某處，對於伊朗這個遍地都是荒原的國家，為何要把核反應爐蓋在文化古都的周圍？要知道，伊斯法罕之於伊朗，等同於京都之於日本。所以我很難理解他們為何要這麼做。

又或許，所謂的「周圍」，以這個大國來講，是指數百公里以外的遙遠邊境？得知這件事，在我已經從旅行中確信，伊朗其實是個可愛又安全的國家時，陡然被拉回到「媒體所說的並非空穴來風」的戒慎。事情總有多個面向，伊朗人和伊朗政府，與他們的宿敵美國一樣，應看作是完全不一樣的存在，比較符合真實狀況吧。

總是可以十分輕易地在這個城市的街道，留意到像是電影《新居風暴》（Salesman）一類的文藝電影海報，以及各式展演活動的資訊。

比起設拉子，這個城市更大得足以支撐許多的藝文活動，包含戲劇以及音樂、文學相關的表演。

伊瑪目清真寺立面

這些也許會令虔誠的回教徒不悅的事物，在伊斯法罕這個城市的迴旋空間，似乎就是比其他城市來得更大一點。這座城市也有許多的異教社群，比如，從阿拔斯一世時期就存在的，以正教會為中心的古老亞美尼亞人社群。

站在伊瑪目清真寺以可蘭經文書法裝飾華麗的伊萬（Iwan，建築學名詞，波斯伊斯蘭教建築形式，三面環牆，一面對外開放的拱門內空間）下，仔細觀察不斷反覆的文字構成的外牆裝飾細節，像是要被吸進去一般。這是一種，在一切藝術都為宗教目的服務下，所能達到的最高藝術形式。

但比起外在空間，內在則相當的「樸素」，如果粗糙這兩個字下得太重的話。耗費了極大的人力財力蓋好了完美的大門之後，突然發現蓋內部的預算不夠了，於是叫建築師想辦法用剩下的成本完成，因而，使內外的精緻度有著不小的落差。當然，若不是外觀蓋得太美，其實內部還是不差，可惜量體實在太大，所以無法面面俱到。相較之下，小巧得多的希克斯羅圖弗拉清真寺，從裡到外都維持相同的細膩度，更令人激賞。內室中有一個凹進去的壁龕，下方由鐵製梯子墊高約一公尺的高臺，想必神職人員就是在此宣講吧。與歐洲的大教堂一樣，圓頂對於聲音有非常大的音響效果，在下方發出的聲音具有非同尋常的渲染力，這點由經過的伊朗人，在幾乎上達天聽的歌聲中獲得了完美的確認。

3.5 德黑蘭／巨靈
Tehran / Leviathan

德黑蘭有人居住的時光非常久遠。但在十九世紀成為王朝首都後，此處才開始快速膨脹到今日規模。今天，整座都會區的規模超過了一千三百萬人，是整個西亞中東地區最大的城市。

雖然，在人口稠密的東亞，德黑蘭規模只趕得上數座巨型城市中的其中一座——僅僅接近於一個深圳市的人口。人多，我們早已見怪不怪。

但在地廣人稀的中東，這樣的密集度相當罕見。超常的密集人口緊挨在一座水資源不足，冬冷夏熱的高原城市，這必然會產生一些問題，諸如過多的車輛造成交通堵塞和空氣污染；超抽地下水造成土壤龜裂和地層下陷等問題。

但所有這些加起來，比起位於地震帶上的危機，全都顯得微不足道。一座千萬人規模的都市、老舊的建築、堵塞的交通、缺乏水源、位於地震帶上卻近兩百年未發生八級以上地震，這種種，使得德黑蘭成為全球最具潛在脆弱性的城市之一。伊朗政府一直考慮遷都，希望將至少五百萬人移出德黑蘭，但由於茲事體大，這個計畫直到今天還未有定案。

冬日的天空比起夏日，雖說風大，但少了燥熱所揚起的煙塵，遠眺厄爾布魯士山脈，再到其山腳下的城市街道，冷冽而清淨的空氣與藍色天空，這座一千三百萬人的混亂城市，有著雪山腳下的歐洲城市氛圍，除了路上包得密不透風、披掛黑色罩袍與頭巾的婦女身影。

因強風吹拂而顯得蕭瑟，寒冷而乾燥的街道上，離開了市場和販售場所，路上並不擁擠。我有時間在街道上閒晃。不時會在建築物外牆發現一些壁畫，有的十分巨大——這其中很多跟革命有關。穿著綠色軍服的伊朗軍人巨型壁畫遍布首都街頭。這些壁畫，要說是在古巴看見也不顯得違和。

很少人意識到「革命」這個概念，本身被廣泛運用於馬克思主義的無神論，因此和伊斯蘭的宗教精神在概念上應該矛盾。但是「伊朗伊斯蘭共和國」這個國家，卻由兩個矛盾的概念融合而成。也許叫「聖戰」，概念上會比「革命」，更加接近伊斯蘭的教義。

我不確定回教徒是不是常把聖戰掛在嘴邊。因為「聖戰（Jihad）」這個概念，更多的是與自己的內心戰鬥，追求個人的提升，而不像今天普遍被非回教徒用來當成某種恐怖主義的暗示。

伊朗人更少用「聖戰（Jihad）」這個字，就好像這是個遜尼派的名詞，和什葉派的他們沒有關係一般。但仔細一想，這種印象不過是因為，什葉派在所有回教徒中本來就只占兩成而已。

在市中心區街道一路上所看到的混亂主要是來自於交通——

對向的摩托車在同一條車道的兩側互相閃躲前進，中央的汽車半堵塞地前進，沒有多少紅綠燈。行人們得看時機通過街道，這倒不困難，因為在堵塞下，車子開不了多快——然而行人、摩托車騎士以及汽車駕駛全都有其節奏地前進，很少聽到喇叭的聲音。像是無聲的慢速播放電影，畫面雖混雜，卻感受不到吵雜，或是任何危險的氣息了。

烈士和軍人、政治人物的畫像也常出現

德黑蘭到處可看到革命衛隊的壁畫

從街道眺望遠方的厄爾布魯士山

伊朗在建築尺度上具備一種巨大的不協調——

伊朗人給我留下了男女對比很大的印象。他們的男性比亞洲人高大，女性相較之下卻顯得矮小，像是父權神權壓迫下的具現……她們的平均身高，說不定還不及東亞的女性。在冬日穿著帥氣的皮衣與夾克，高鼻樑上架著太陽眼鏡的男性穿著自由而野性，而除了德黑蘭穿著入時，自信地走在街頭或開著車的年輕女性之外，其餘女性的穿著則是千篇一律的黑色頭巾包裹著整個身體，在冬天的強風下，像是在閃躲著什麼似地前進著。她們，作為被拍照的客體而言十分和諧，但身為男性，在這個國家徵詢拍攝女性的照片並不合宜。即使提出請求，也須注意他人的目光，但不知為何，在觀光區群體出現的女學生，有時得以豁免這種隱性的社會規範。比起宗教的強制，韓流的吸引力，大到讓她們勇敢突破宗教的藩籬，在成年前獲得短暫的豁免。

若這種豁免能一**直持續下去**就好了。

伊朗人具備一種「雖是回教徒，但比回教徒多了一點點什麼」的意識。這種意識使得他們能夠對外來者抱著好奇又禮貌地不予打擾，偶爾開口也是只求拍照或只是想說「歡迎來到伊朗」，這種無目的性的餘裕，就算在最商業的觀光區，即使為生活所迫，招攬生意的人也只仍是說「如果您願意來看看，我的店就在那兒」一點也不勉強與打擾……作為一個觀光客，要討厭舉止合宜而紳士十足的伊朗人還真有點困難。

習慣於巨大尺度，或許是大國古國子民所具有的特徵。不管是在物質上或精神上，由波斯波里斯的巨大皇城遺跡、波斯諸王的帝王谷、伊斯法罕的伊瑪目廣場以及諸多伊斯蘭陵寢、清真寺，這些代表宗教跟顯赫過去的存在，無疑給伊朗人帶來了莫大的榮耀，也帶來了極大的負擔。

我想到了另外一個習於巨大尺度的國家。他們，分別擁有神權的巨靈與無神論的巨靈。萬一，我們的世界只剩下這兩種選擇，到底哪一種會離幸福比較近呢？

步出地鐵站，通往伊朗伊斯蘭共和國的創建者——伊瑪目何梅尼的陵寢。進入陵寢內部前，會經過以這種規格的建築物而言不算嚴密的安檢。因為其中一個拜塔正在裝修的關係，由外往內看，只覺得像是一個陰冷的巨大工地。

進入後才感受到，偉人的陵寢極致巨大，是生平所見最高的挑高。但是偉人的棺木再怎麼樣也就是六尺之軀，在龐大的空無中顯得極小。為此，只好加固了鋼鐵的圍欄，將棺槨的量體放大再放大。

這是個對於非回教徒來說絕不自在的尺度——太空

無所不在的巨大形象，懸掛在地鐵出口。
左為繼任最高領袖的哈米尼，右邊是伊朗革命後的大阿亞圖拉何梅尼。

如巨大工地一般的何梅尼陵寢。

曠、太巨大、太壓迫。

在穹頂之下，我思索著，如果也試著像個穆斯林一樣禱告，那感覺會是什麼？臣服？是否會換來心靈的平靜？這樣的空間，正是為了使人順服而存在的。雖然順服本身不是壞事，但我可能前世不是回教徒的猜測，被連續在伊瑪目何梅尼棺木前的鐵柵靜電電了三次獲得了確認。那靜電，就像是在**驅趕異教徒**似的。

大阿亞圖拉的意志，在死後三十年依然被鐵柵欄忠實地執行。

或者只是我多心，不過是天氣冷罷了。

我慢慢地繞著室內的周圍，試著不引人注目地前進，一邊觀察著在室內虔誠禱告的信徒們、在左右兩側男女分開的區域或坐或躺的人們、在寧靜的大廳內做出歌舞青春姿勢熱舞的小男孩，以及緩緩發出吟誦的老人……我意識到這對我所謂壓迫，是他們舒適安定的所在。

生來就習慣於巨大的尺度，總能自然而然地接受我們感覺侷促不安的環境。

腦海中浮現薩迪那以一位司機兼嚮導來說，略顯斯文而無精打采的聲音：「所謂的宗教是很簡單的，心裡在它就在，不在就不在。心裡沒有（阿拉）的人，去也沒用。」

大多數來到如此巨大的空間中的人，是巨大的精神下依然順服而悠遊的真正信徒。像阿里或是薩迪這種不習於順服於巨靈的人，清真寺於他們，不管有多麼巨大，用不到的時候，尺度已不再重要。

傳統的伊朗人像是居住於海中的深水魚類，優雅而自在，但是一旦出了水面，其內爆的可能也將浮現。宗教是伊朗人（或者，所有回教徒）的壓力閥，調節越來越難壓抑的種種現代需求。有時我佩服他們應對壓迫的智慧，有時卻又慶幸自己不在其中。畢竟那壓力閥本身，同時也就是壓力的來源。

但沒有宗教壓制的我們，難道就活得更加自由嗎？恐怕不盡然，我們信仰的宗教，是**金錢**、**時間**、**產能**、以及**功成名就**的可能。這一系列的意符對應於永恆、奉獻、喜樂以及返回天堂，我們用經濟中性的詞語取代了宗教的詞語，追求了對絕大多數人一生不可能碰觸也從未見過的狀態。比爾．蓋茲、史蒂夫．賈伯斯、華倫．巴菲特、伊隆．馬斯克……他們是科技與財富的眾神，行為比暴虐的政治領袖更加符合常理也更加有同情心，但仍是以富比世雜誌對應可蘭經等符號，所高舉的最高神祇。在二者之間進行無意識的比較，基本教義派的回教徒對此視為褻瀆，而科技眾神們沒空理這些。他們眼光落定在遙遠星辰的彼方，而從不回望。

不管是宗教的眾神，或科技的眾神，留給弱者的比例都一樣，**趨近於零**。

來到伊朗前，我以為，我在一個需要被平反的、弱勢的國家。但伊朗遠不是一個弱小的國家，而是無庸置疑的強權。她的國家力量，可以與土耳其爭奪經濟規模上、與沙烏地爭奪中東精神上的霸權之位。而中東地區其餘所有國家，都比伊朗弱小太多。

那些處於大國之間更為脆弱的小國們，除了已經垮下去，就是已經被改變。

伊朗是一個在不遠的未來，面對美國、面對崩潰或即將來臨的改變，或者是面對已來臨的改變，仍執拗地試圖挺住的國家。過於脆弱的國家早已被迫步入新的平衡（或混亂），那些尚未迎接崩潰點，或是持續在某種艱難景況下存活的國家，尚未失去某種不被過早吸納的反向力量。這種對抗的氛圍在國家之間形成了顫慄的張力，那會使人保持警醒，去暫時活在那充滿生命的空氣之中，也是誘使旅人啟程的動力。

我們自己生長的土地，不也散發出一樣的氣息嗎？

有多少人認識到，我們所住的土地，可能是世界上最危險的地方呢？

一離開伊朗之後，當時的美國總統川普便下達了禁止「包含伊朗在內的七個穆斯林國家」進入美國的行政命令。得知這個訊息的我，首先想到的是：「那阿里一直想去美國的願望呢？」

後來，我向轉介我到阿里家的前一組背包客女孩提到這件事，並且問她是否有和阿里連絡，他還好嗎？

女孩告訴我：「我有問他這件事。但他很好。他說『他正在準備申請去澳洲』。」

那就好，那太好了，我說。

沒有美國，還有澳洲啊。

海洋從未阻擋人們前往新世界，阻擋人們出發的，從來只有自己。

4 Bangladesh

孟加拉

擁擠的低地

BANGLADESH: CROWDED DEPRESSION

一九七一年三月二十五日的午夜：經過被炮轟的大學，佛陀率領軍隊來到拉赫曼的巢穴。學生與教授從宿舍裡衝出來；子彈迎接他們，紅藥水污染了草坪。但拉赫曼沒有挨槍子兒；他戴上手銬，遭受粗暴的對待。阿育巴把他帶上等候的廂型車，我們駛過城市的街道，夏黑德望出窗戶，看到絕非事實也不可能是事實的景象：士兵不敲門就闖進女生宿舍；女生被拖到街上，她們的身體同樣被暴力進入，仍然沒有人費事敲個門。報社的編輯部燃燒著冒出廉價、低級趣味新聞紙黃黑色的骯髒煙霧，各工會的辦公室被夷為平地，路旁水溝裡，裝滿不僅是熟睡的人——可以看到裸露的胸膛，以及彈孔形成的青春痘……而我們的健兒，我們為真主而戰的士兵，我們一個抵十個印度佬的軍人，藉著對市內貧民窟發射燒夷彈機關槍手榴彈維繫兩巴統一。

《午夜之子》，薩爾曼．魯西迪

不起眼的事物繁殖增生。原以為只是堆疊，但未意料到量變必然產生了質變，在這小小的空間裡，擁擠是先於一切存在的詞彙。這是個人與人之間準備好接受隨時的碰撞，具備高度張力的國家。稀少且逐漸消失的土地，與日復一日持續不斷增長中的國民，人與土地之間供需失衡的緊張關係，所衍伸種種的不適。

上述種種，都被我視為「此即，孟加拉之美。」將極近的距離視為友善的象徵，將推擠視為一陣微風吹拂，將碰撞視為誠摯歡迎的握手，由近處嗅聞汗味的芬芳，將人群視為田野中的稻浪。

在旅人眼裡，這一切都必須要轉念看待。數大便是美，在這個沒有景點的國家，人群，才是孟加拉獨一無二的風景。

4.1 達卡／摩肩擦踵之城
Dhaka / Extremely Crowded City

CNG（Compressed Natural Gas）是以高壓天然氣為燃料，帶頂棚的三輪機車，等同於東南亞的嘟嘟車（Tuk-Tuk），但稍微環保一點。它是這個國家最普遍的交通工具，如同人體中運輸養分不可或缺的血液。運用它在這座城市移動，通常是最優選項，即使 CNG 有時也未必比人力車，甚至步行要快上多少。

孟加拉是個遠比看上去要安全的國家。即使在最危險的首都達卡，也幾乎不存在針對外國人的治安問題。畢竟，在孟加拉的外國遊客如此之少，而本地人數量又是如此之巨，僧多粥少，以外國人為對象的搶劫殺人詐騙等黑色產業，在這裡並沒有什麼發展空間。

孟加拉人具有和印度人一般，在長年擁擠和缺乏隱私環境下培養起來的溫和修養，卻沒有北印金三角觀光區印度人胡攪蠻纏的黏膩。

為什麼？很簡單，因為孟加拉對外的觀光產業極少發展。一般的孟加拉人，很可能一輩子沒什麼機會接觸外國人，自然也沒有如何胡攪蠻纏的策略可言。

其實不能說達卡市區「完全」沒有觀光景點。

比如說，在達卡市區周遭，被我暱稱為「小泰姬」的「拉爾巴格堡（Lalbagh Fort）」。這座十七世紀始建但從未完工的堡壘，其主體建築如同縮小低配版的泰姬瑪哈陵，不同的是粉橘紅的牆面與其不大不小的尺度。其整體的感受和規模，比起巨大卻高雅輕盈的泰姬瑪哈陵，可能更近似於台西鄉間民間信仰鼎盛卻鄉土氣息濃厚的土地公廟。

在主體建築正前方的噴泉，因長年乾涸而產生的水泥色灰垢，均勻地覆蓋噴泉內壁兩側的藍色區域，如果噴泉在這時重新啟動，池子的水將呈現一片灰濁，勢必是無法讓攝影師們拍出滿意的倒影。建築周邊外牆既是古蹟，更是一片未蓋成的斷簷殘壁，沒有任何欄杆保護古蹟和遊客。遊客們可在其中嬉戲拍照、隨意攀爬、野餐，但意外的是，亂丟垃圾的人很少。比起悠然自得的本地人，一個外國人要從園區的一端走到另一端幾十公尺的距離，大約要花半個小時以上。

因為，你會經歷好萊塢巨星的經驗。

在奧斯卡頒獎典禮上，因為被要求合照，而走著永遠無法抵達終點的紅毯。在小泰姬被要求合照的次數，以一個非公眾人物而言，將達致過去人生合照次數的總和。然而，在孟加拉所有無法複製的旅行經驗，往往都與「複數」，而非「單數」的人有關。

孟加拉的擁擠可以很直觀地從純粹物理及統計上理解：在約台灣四倍大的土地上（扣除占據國土相當區域無人居住的沿海紅樹林低地，及間歇性遭受海水逐年上升覆蓋，以致無法住人的低窪地層，

嘆為觀止的三重自拍，好萊塢明星的待遇

能住人的土地更少），住著一億七千萬人，大約是已算擁擠的台灣七到八倍，更別說其他人口密度更稀少的國家了。沒有捷運，公車也很少，以致於人民花在運輸，尤其是塞車的時間相當長，而這產生了孟加拉旅行最大的危險。在車陣中，即是身處於亞馬遜河中爭先恐後、生吞活剝的食人魚魚群中。平時溫和無害的 CNG 司機，到了道路上也會變成橫衝直撞的猛獸。

只要來到這個城市，就可以理解，孟加拉人在道路上的「兇猛」，只不過是被過度擁擠的人口，與缺乏基礎建設的城市規劃所逼出來的變異。

試想一個人口密度為孟買三倍的城市，在不具備捷運等基礎建設、人民又貧窮得無法擁有替代交通方案的狀態之下，在道路上一見到可以鑽入的空隙，就像鯊魚看到魚群般迅速將其突入填滿。若不占據，就會被後面旁邊一擁而上的 CNG、人力車、行人填滿，太過仁慈的司機，將永遠停留在原地難以前進。

我嘗試將 Google Map 查詢二十分鐘可以抵達的步

達卡的選舉街頭造勢

行距離，改用 CNG 查詢，速度大約會落在十六分鐘左右。人力車和汽車也差不多是十六分鐘，且無輕軌或地鐵等其他交通選項。

這是一座在通勤時間上**眾生平等**的城市。

二度降臨般於太陽旗

在舊街的巷子裡，綠底紅字的太陽旗被油漆在大街小巷的店舖鐵門上。這個一九七一年才建立的新國家，國旗建立的民族認同，顯現在小商鋪的每日營生。若遊客只在意商家是否開門「有地方去、有東西買」，他們將不會看到在每日營生的表象下，他們如何視政治如宗教般同等狂熱的位置。只有所有店舖關門的週五休市，可以從鐵門漆上的國旗圖案，才能一窺象徵伊斯蘭群眾的綠，和鮮血的紅，誰也不能少了誰。

在休息日，人們紛紛出行參加集會。不管集會是宗教性，還是政治性，那極具煽動性的情緒感染力，對於聽不懂孟加拉語的我來說，它們已經混為一體。

我們隨著巷弄裡的人流魚貫而入，到了大路上，遠方講台上的講者如台灣草根立委般激越的言論，從遍布全市的巨大喇叭傾瀉而出，似乎連發話者本身也無法抵禦自身情感，禁不住在長篇累牘的演說中交雜著榨乾喉嚨的咳嗽聲。

我們進入了安檢區——兩旁站立著各約二十位的年輕工作人員，我們魚貫而過，通過以上下其手的方式安檢的人流（這是最適合這個國家的人力資源應用），在進入前方的「搖滾區」逕自走到旁邊繞道穿越。我在最不引人注目（不可能）的姿態下拍下了一兩張照片。但並未受到什麼特殊的要求。也許是，我們的身分雖受到許多矚目，卻也受到許多無形的保護。

因為我們是外國人。

政治，是孟加拉人日常生活所不可或缺的重點。

孟加拉的政治跟所有國家一樣複雜，但對以身為台灣人的我來說，卻感熟悉而親切。

因為他們也有**藍綠兩黨**，唯一不同的不是一個女人，而是兩黨首領、兩個女人的戰爭：

一邊是孟加拉國父之女，總理謝赫·哈西娜（Sheikh Hasina，二〇二四年因民眾示威而流亡），**另一邊是前總統的遺孀卡莉達·齊亞**（Khaleda Zia，入獄數年後於二〇二四年獲釋）。

對於這個人口眾多而無力改變眾多事物的國家而言，人民確實也只能仰賴對政治的激情來作為出口了。街上隨處可見政治海報，比例大概占了所有宣傳海報的八成。

感恩，卻也慶幸。在孟加拉因為物質的匱乏而被捲入情緒上的激情，若想保持理性，需要耗費巨大的能量來抵抗。何不順著狂熱的洪流，釋放那受壓迫自身的過去。何必思考，何必抵抗？

對於如同先知或偉人「二度降臨」般的激情，台灣人也從不陌生。

犬儒者或許會想著，「這一切，又是何必？」然後忘記自己現在所得來的一切，是得自於那些看似愚蠢的熱血而做出努力的人。

4.2 班達班／珍稀的山景

Bandarban / The Rare Mountain View

我準備搭乘夜間巴士離開達卡，這樣一來，明日一早，我就會出現在吉大港的車站，好整以暇地開始一天的旅程。而且搭乘夜車還省了住宿費。

離開前，旅館主人耳提面命地告訴我，他認為最重要的事。「絕對不要打開車窗！」

「為什麼？」我問。

「因為很危險。」他說。

為什麼危險？總之，很危險。這不是什麼都沒回答嗎。

帶著旅館主人的錦囊抵達火車站。我以為，在這個人口爆炸的國家，坐火車可能是一個需要嚴陣以待的巨大難關。但意外地，達卡的火車站雖然人潮擁擠，但動線規劃還算簡單清晰，當地人也很有規矩。沒有全家大小打地鋪，不太需要排很長的隊，也沒有各式各樣的誤點及取消班次。身為外國人無需一再強調，只被允許購買包廂的車票。我買了包廂的車票，開了私人包廂門，擠進四人座的下鋪。

當我坐火車的時候，我總想打開窗戶吹風，我不喜歡封死的密閉空間。

但這次，不知為什麼，有某些事物戰勝了我的好奇心，使得我乖乖地把車窗關上。

車廂因密閉而缺氧。這讓我睡得不好。固定在每一站停靠時我會醒來，然後在遠方隱隱傳來的交談聲和動物的聲音中再度睡去。大約停了五到六站，在火車的聲音因到站而暫時停歇的時候，外頭聲響就會開始，由遠到近。那是突然揚起的某種狂歡似的嘻笑，混雜著淒厲與歡悅，還有鐵鍊拖動的聲音。我想像火車車廂外是某種罪犯的集會，可以是類似一群不良少年把好學生以鐵鍊捆綁倒吊在火刑柱上嬉戲的影像，或者像韓國電影《屍速列車》一般，大批喪屍發出各種力竭的嘶吼試圖進入車廂，在掙扎著入睡而半夢半醒的狀態下，揮之不去的影像，讓我在封閉的包廂內，經歷著恍如隔世的虛脫。

直到現在，我還是不知道打開車窗的對面，到底會有什麼。

吉大港數百年來都是孟加拉灣上的重要港市，現在更是支撐國家經濟的工業中心。包含煉油、造船業及鋼鐵。但對於旅人來說，這個地方並沒有什麼吸引力。所以，我猜想，也許真正吸引人的部分，會在吉大港往東，與緬甸交界處的山林地區，說不定才是這個國家的人們心中的珍稀之物？

對於孟加拉人來說，**山，是很珍稀的事物**。

對於這個全國有九成地區都是平原、盆地或濕地等低窪地區的國家，不到一成的山地是一種陌生的存在。全國最高峰，大約只到海拔一千公尺左右。

或許，對於習慣與山相伴的台灣人來說，在海拔不到一千公尺的地區活動，大概就是跟出門走走差不多。但是對於生活在擁擠人群中的孟加拉人而言，他們從平地濃密燥熱的空氣中逃脫，在人煙稀少的山間以及脫離霧霾所獲得的清淨空氣，能給予他們異國的清涼感受。只要在擁擠的首都達卡待個幾天，我就能體會在擁擠城市中上班的山友一到了休假就急著往山上跑的心情。

這讓我無法接受，來這裡觀光的台灣人（如果有的話）口中說出：「這哪有什麼！台灣比這厲害的多的是！」因為這樣的言語，對孟加拉人珍視山景這件事缺乏理解。

我們租了一輛CNG，但由於超過乘載人數的關係，我必須在前座司機的旁邊蹲踞。CNG的方向盤在正中央，這導致司機只要把手換到打檔桿打檔時，就會不可避免地把手輕撫到我的鼠蹊部。雖然上山的坡道非常地平緩，是幾乎感受不到的程度。但是在轉彎的時候，我就需要把整個臀部往車外的方向逆時針畫圓輕甩，因為前座沒有門，所以經常以快一半臀部懸空的姿勢半坐半蹲。

轉了幾個彎後，我開始期待何時能夠抵達山上。我私心相信，孟加拉人故意將坡道做的和緩一點，以延長上山的距離的與伴隨的美好感受。但對半蹲坐在司機旁邊的遊客來說，還是早點抵達山上要來得更加享受。

約莫開了一個多小時，我們來到了一個檢查哨。

本來以為這只是例行檢查證件而已，畢竟，已經習慣以「無害的外國人」的身分一路過關斬將來到現在了。但沒想到，穿著卡其軍服的查驗官員告訴我們，你們需要通行證，不然不能放你們過去。

「通行證？」完了，完全沒料到在這個看起來沒有一定規則的地方，竟然需要通行證！

這是我身為旅人的疏忽。我們並不想違反當地的法規，只是在大約半小時弄清楚狀況也沒有辦法的情況之下，我們已經先讓CNG司機離開了。這下要再找一台車送我們下山，也需要大費周章才行。一時之下，也沒有什麼方法可想。

我很幸運，在一些國家的辦理通行證的地方，有時伴隨著要求索賄的場合，只要裝聽不懂，等個半小時左右都能通關，但我已經在這裡耗了三個小時，但軍人連一點可能索賄的暗示都沒出現。

「這真是人生中最希望被索賄的時刻啊！」我自我解嘲般的說。

「講中文？」旁邊剛下車的一位先生說。「聽你口音，台灣來的吧？」

是的，我說。

這人看起來跟哨官相當熟稔的樣子。他一邊跟對方以當地語言交談，一邊檢驗他的通行證。他原本可以直接上山，但停下來告訴我，他剛剛與哨官釐清了一下狀況後，「這裡肯定要通行證的。沒通行證上不去。」他說。「難道完全沒有其他辦法嗎？」我說。

這裡是管制區，我們身為外國人，上山要申請，至少都要一到兩個星期。

你們上來多久了？

「三個小時，」我說，「你可以幫我告訴他，我們真的只是來觀光，而且我們很想體驗這個山中清涼的空氣跟環境，感受一下美好的大自然。」雖然一路上來，除了蹲坐過久而肌肉痠痛，我沒看到多厲害的景色。但我原本就不期不待，只想看孟加拉人視為觀光仙境的地區是什麼樣子。

「哈！這山沒什麼的，」他豪爽地說：「我家鄉的小山都比這壯觀！」

您哪裡人？我問。「我湖南來的。」

「那難怪，」我說：「我在張家界遇到一個大叔，他說他們出國只去海邊，不看山的。」

「那倒是。」他說。

在跟他聊天過程中有一種輕鬆而緊張的矛盾感受。輕鬆在於他刻意選擇的用詞不會吃到台灣人的豆腐，但也會緊張於他會不會不小心就破功了？除了喝過洋墨水的留學生，在旅途上遇過的中國人，幾乎沒人能在言語上隱藏「我要統你」的意念。不是一定要到說出不可分割的一部分這麼官方，但相較起我們不會一見到大陸人就急著表明政治立場，三十五歲以上的大陸人，這方面的意識是不可改變的。我一直在等他什麼時候表態，但是他一直拿捏得很好。

很快我就知道為什麼。張先生雖在孟加拉從事進出口的工作，但因為上頭主管是台灣人。所以可能這方面拿捏得比較好吧？他來這裡三年，平常閒暇也喜歡出來走走，據他說「孟加拉就那幾個地方」，所以久了，他也不離開吉大港太遠，「就這附近山裡走走也可以了」，這裡不要說台灣人，連大陸人也不多，他們很少離開吉大港。

「有打算何時回國嗎？」我問。

「還沒賺到錢啊！」他說，「這裡其實很多可以開發的，就這麼回去也沒啥好做的。太競爭了！」

隨著太陽慢慢偏移，他說他該走了，但離開時，又去跟年輕的哨官說了一些話。回來找我時告訴我：

「他建議我們，可以打電話給山上的旅館，請他們試著辦緊急通行證。但是，這表示你要住在他們經營的民宿，而且，你們也不能自由行動，要請他們安排山上的行程。」

「他有說需要多少費用嗎？」我問。

「住宿是一千五百塔卡，觀光行程另計。」張先生說。

「那好吧，也沒其他辦法了。」我說。

以孟加拉的旅館而言，一千五百塔卡，大約五百台幣，不算貴，但以平地而言，已經可以住上不錯的等級了。

從抵達檢查哨，到旅館主人開著廂型車來接我們之時，我們總共已經在檢查哨七個小時。但對於最終能夠上山而不是被迫折返，只覺得感激。同行旅伴戲稱此為「檢查哨一日遊」。

我可以同理孟加拉山景的珍貴，但對習慣高山的台灣人而言，不要期待能從它的景色得到什麼特殊的感受。我努力的尋找可以欣賞的事物，若還是找不到，那我試著藉由觀察找到它平常未被留意的美。就好比說這個觀景台。有一個水泥底座的海報架、有綠葉圖案的水泥椅子。讓我印象稍微深刻的，是一個高約兩公尺、豎立在山景前木製台階上的木製方框。木框的上緣以白色油漆寫上「I am at Miloncharі now.」，若不是這寫上的句子，方框中架上一把鋼刀，看起來其實比較像是中世紀的斷頭台，而非打卡點。

另外一個雜貨店外的觀景平台，是一個如提防般堆高的一排土墩，土墩上有一棵樹像是提供遮蔭，但土墩上的以木條釘成沙灘椅上紅黃藍綠四色的陽傘，似乎想要營造海灘度假般的山間風情。坐在高地上的海灘椅上向遠方望去，是一片被黃土煙塵捲起而顯得模糊的山腳平原，平原樹叢和黃土交錯，除了視野良好外，風景本身一片平坦，沒有亮點。但海灘椅和陽傘的用心，卻令人覺得可愛而溫暖。

左：拍照用的木框，但不知為何看來像斷頭台。右：置於土墩上的海灘椅，可俯瞰山腳下的景色。

繼續前進，是看來像緬族風光的小市場，穿著籠基的男人和原住民和印式混合服裝的女性在販賣著芒果甘蔗和一些看起來貧瘠的蔬菜。也有一些寶特瓶飲料，但似乎沒有可口可樂，而是以皇家孟加拉虎為名的提神飲料，老虎牙子的味道。

在一座可以俯瞰圓形平台（據說是政府高官搭乘直升機視察專用的停機坪，但也許更多用於度假小憩）的觀景平台上，一群來自達卡大學的大學生在此拍團體照，拍了他們的團體照的我，當然也被邀約拍了合照。在一班約三十人中，男性有二十五人，女性有五人，比例大約六分之一。

孟加拉，並非女權發達的國家，而且還很貧窮。但是就這麼六分之一的比例中，卻產生了女性的總理，和女性的反對黨黨首。這個國家也許在各方面都不怎麼樣，但是就其所擁有的資源而言，能有現在這樣，想必也非常不容易吧。

拍團體照的大學生

4.3 霾、河流、道路與血管

Haze, River, Road and Blood Vessel

清晨，港口的船隻沿著河道來回逡巡。

看不見太陽的霧霾籠罩著河流，橋上密集的車陣與人群，更加強烈地描繪出吉大港區——這個孟加拉第二大都會區一天的起始。道路與河流就像血管，而不論是船隻、車輛或是人群，都可以類比為血管裡的血液、氧氣，與血小板等維持人體所不可或缺的元素。

孟加拉不是一個生態平衡的經濟體，而是一個虛弱的病人。但是比起病入膏肓的狀態，我更傾向抱持信賴，唯有這些輸送養分的交通運輸，能令這個國家持續康復。

雖然流動看來微小而孱弱，但運輸的數量繁多，且永不休止。若在夜間搭上長途巴士，將會體驗到在凌晨一點的國家道路上塞車的景象。塞車的地點旁伴隨著人聲鼎沸的宵夜餐館、彷彿不知何所往的在地出差者、攤販，以及與家畜並行的路邊孩童。

一瞬間你會感覺，也許這只是他們在休息站的短暫停留罷了。所有人包含司機都下車取食，但在攤販燈光發出的熱氣暫時吹散了

從橋上俯瞰魚貫而行的貨船

寒冷的霧霾，使得視野能夠看到直直地延伸到道路盡頭的車輛——外來者終於明白，這個虛幻的海市蜃樓是由塞車所創造出，而自我繁殖出了深夜的綠洲——當塞車的地點改變，這些市集一般的攤販會和朝霧同化，並在某處重新聚集為現代的駱駝商隊，嗅聞到第一批塞車的道路上所飄灑的油氣，而向著道路的彼方迤邐而去。

我坐在車裡，隔著車窗的霧氣，看見路上所有的巴士、卡車、摩托車等的車燈所照耀的光線，在霧霾與淡淡的雨絲之中，消失於一公尺左右的盡頭。低能見度造成了一種霧中車燈如同雨夜霓虹閃爍的錯覺——在這樣的境況下，各式車燈的光色在車窗上融合。在孟加拉身處雨夜巴黎，甚至想給自己來杯咖啡。我不曾看過一個國家的運輸業需要以凌晨一點在高速公路上塞車的形式存在，以引擎聲歌唱其不人道及其不可或缺。這是一個二十四小時全年無休的國家。

與中國的北京、印度德里並列，孟加拉的大城市們，都籠罩在深重的霾害之下。這個國家在生態與環境、經濟方面的脆弱，是我們無法想像的。

霧霾的產生最主要來自於紡織業、電子回收業、造（拆）船業與製磚業等傳統產業所造成的工業污染。與此同時，還有南亞與中南半島北部，在旱季所採用的燒耕法加重了空氣污染。另外還有位處低地於氣候變遷所造成海平面上升可用地喪失的衝擊。

像是還不夠似的，在貧窮卻還必須養活近一億七千萬人口的同時，吉大港周邊存在著接受鄰邦湧入的大量羅興亞難民的難民營，因過度擁擠與物資缺乏而爆發瘟疫……

看著城市的輪廓在霧中隱現，又在霧中消逝。
承受最沉重代價的，永遠是什麼壞事也沒做的人。

在印度的時候，我就感覺當地的回教徒和印度教徒有很大的差距。而在孟加拉這個文化上和印度接近，但幾乎全由回教徒統治的國家，更能深刻體會到差異的巨大。孟加拉回教徒沒有印度教徒那種歡快的積極性和不受控的社會邏輯。對回教一知半解的人會在腦海中播放纏頭巾的大鬍子恐怖份子印象，但事實上，許多國家的回教徒與這種失控的形象完全相反。回教徒普遍較為沉默，以及自律，彷彿先天遵守著某種無形的律法，不得跨越雷池一步。這無形的律法讓稠密度是印度人口三倍使用的孟加拉公共廁所，看起來卻比印度乾淨五倍。而在印度的餐廳中讓人腹瀉到腸子都要脫落的食品衛生，在孟加拉卻從來沒發生。

我們不明白回教徒的清真認證是什麼意思，不過就是宰殺的手續不同。但實際上，他們依循宗教上的潔淨來處理食物的方式，事實上讓食物也變得潔淨而少腐壞。

我們單純地認為，回教徒每日朝拜五次的習慣不過是機械性地照本宣科，但是就算孩童時期不明白而把日課無條件遵守的同時，亦順道滌淨自身的心靈與理順生活各項事務的先後順

過河是孟加拉人的日常，也是一種隱喻

序。最終，他們會發現，誠心祈禱，認真看待宗教的一切，對於自己的生活才是最有效益的。

參加過斷食、靜思或冥想，感受過其中帶來的好處。但是回到現實生活中，很快的自己的時間會重新被吸入快速而混亂的生活狀態。而回教徒的生命，像是被強制地安上了每天暫停五次的緩衝閥，這種方式究竟是好事還是壞事，我不知道。

但我知道，在孟加拉這樣的國家，一個貧窮、污染、政治狂熱、貪污腐敗、飽受氣候變遷威脅等內憂外患的國度中，如果把宗教從中拿走，結果也不一定會更好。

共產主義的無神論認為宗教是鴉片。但絕望的人們若連鴉片都不允許擁有……我想到《富都青年》電影中的哥哥。他的生命為了弟弟定罪而死，到了行刑前，他連宗教的救贖都無法去相信。

在孟加拉，我不再能那麼肯定、那麼居高臨下去觀看他人的苦難甚至評判。甚至我認為，全知式的視角在這裡，不過是傲慢的存在。

就算只是一個旁觀者，從旁看著他們生活的重荷，我仍然感到有些絕望。

等待著渡輪的人們

4.4 河上的火箭
The Rocket on River

達卡的河上通道，跟達卡市區的道路一樣繁忙。孟加拉三角洲如葉脈紋路盤根錯節的水道，是內陸河港運輸發展的極大優勢，輪船可由數百里外的海洋長驅直入達卡市區，而短程載貨的木製小船緊挨著以柴油和汽油為動力的大船，在船夫的高超技巧下，以緊挨而不致碰撞的距離在擁擠的河道上穿梭自如。

搭上其中一艘小船，每艘小船都鋪著色彩鮮豔的尼龍鋪墊。若由輪船上向下拍便如繁花似錦。跳上其中任意一艘，船夫都會帶你欣賞河上風光。

在大概一小時的遊船行程中，船夫僅僅是划槳，就能夠帶領我們前往另一個世界——在河的對岸不再是人群和市集、貨物搬運、蔬果與牲畜所呈現的顏色、氣味和聲音，取而代之的是聽著水中划槳的聲音，和槳在石油般黑亮的水上擾動時所泛起的炫目浮光。

船夫緩緩地向下游方向划去，經過靠港補給暫停的河輪上赤膊上身的少年海員，有時為取悅外國人，炫耀式地從甲板上跳入水中，濺起一陣泛著黑光的水劍。

船上的當地人、其他洗澡中的水手和船工不斷揮手和我們打招呼，午後陽光將太陽照射處的陰影剪成如黑白無聲電影般沉默的景象，倏忽被河岸的彼端帶有工業龐克（Cyber-Punk）意味的鋼鐵撞擊聲及焊接的巨大而斷續無規律的噪音給打斷，如同聆聽美術館展演中的當代實驗音樂。

拆船工人排成一列站在十幾公尺的廢棄船隻周圍架起的甲板上，沒有任何像是安全網的防護。工

「Rocket」，最後的河輪。

LEPCHA

人們用鐵槌敲擊鋼板邊緣。焊接的火光此起彼落，對比河對岸小而繁多的來往人群，另一頭是巨大而孤寂的鋼鐵堡壘，其量體具有近乎神聖的性質。在河階兩岸的回教徒們，無意識地共同打造了一座工業版的瓦拉納西。

差別僅僅是**這條黑色的河道所送行者非人，而是巨大船舶所遭遇的生死流轉**。

今日孟加拉仍擁有全球尚在營運中，碩果僅存最後五艘蒸汽動力輪船的其中四艘。英屬印度時期（稱為東孟加拉邦，當時英屬印度的一部分），大大小小的蒸氣船擠滿了達卡市的內河航道。如今取代達卡市河道運輸的，已經是外觀呈現更加新穎亮麗的白色河輪。

在午晚時分，其中一艘蒸氣動力船，伴隨著鳴笛的聲音，像鯨魚一般長而圓的輪廓，漆成白色的欄杆和鐵柱，在船頂上來回巡查的船員構成了細膩的輪廓，小船上的我看見銘黃色的龐大船身緩緩地由遠方，從現代船隻與密集的木製小船的夾縫中隱現。這艘蒸氣輪船，被背包客們稱為「Rocket」，即火箭。在百餘年前也許以驚人的速度及動力而得其名，現今的這些老古董們，即使引擎已經升級過一次，但老舊的柴油動力在速度與燃油效益上，仍無法跟現代的輪船相比。它們迄今仍在服役的原因，只是貧窮所導致能用則用的節約與觀光客偶一為之的懷舊需求，累加出偶然的平衡。

隨著大英帝國萎縮至全盛期的數十分之一後，無意藉此維持英國榮光的回教徒們；在漫長的時光中，只是慢慢像對待一頭老驢子般地將其使用，直至心臟的最後一波顫抖停息為止。

這些近百年的古董，是工業時代的非洲白犀牛，它們壽命的終結，有可能會在二十年後，也可能就是明天。若馬奎斯《愛在瘟疫蔓延時》中的男女主角費爾米納與阿里薩，最終選擇在此船度過了老年的永恆，而不是南美的某條內河航運，我也不會覺得意外。

由河港出發之時，我從為外國人準備的艙房中，經過噪音與鋼鐵的輪機房，向外走到有上層房間作為屋頂，兩邊開放無遮蔽的甲板上。彷彿另一個世界，人與貨物同居於甲板上；衣衫襤褸的年輕工人、紅色大鬍子的孟加拉人，與身著印度紗麗的婦女，孩子們鋪著深紅、深綠色的各色布料鋪墊於冰冷的鋼鐵上用餐，家庭成員們緊挨著鐵柱靠在一起互相支撐起對方而不致腰痠。我望著甲板外深藍色的天空下船隻此來彼往的白色燈光，和此起彼落的汽笛鳴聲，就在日與夜的交會之時的瞬間，似乎百年前的意識重新在我的腦內浮現。

日間的熱在潮濕的湖面上，被溫度驟降的夜凝聚成極濃的霧氣，光是吸入就一陣寒顫。河面遠方長草擺動發出的聲音與輪機發出的聲音應和，船艙內的日光燈透出陰鬱潮溼如恐怖片的冷光。我回到艙房，由房間邊緣不知哪裡竄出的蟑螂，也只能將其趕出艙房內就了事，而無法徹底撲殺。畢竟

壽命已終結的輪船屍體堆積，靜待肢解

是上個世紀的老舊船隻，藏污納垢一如鬼魅實屬正常。

夜半睡睡醒醒直到清晨，由甲板望去，同樣的霧將河面及其遠方披上了一層無彩色的簾幕，河面與天空的交界像是沿著一條隱形的直線畫出的水墨暈染，裝有馬達的木製小舟，快速地像刀子一般劃過河面的同時，打破了上下兩邊的均衡。但很快，小船又立即隱沒入霧氣的邊緣。

在河上，深夜的霧靄會頑強地掙扎，直至早晨已過了一半，使眾多日夜的交替如濃霧暈染的河與天空般沒有明確的邊界。

在航程的盡頭，也就是霧氣完全散去之時的正午之後，在陽光下遠方的椰子樹，以及堤岸上刻有英文縮寫紅磚砌成的堤道出現之時，隨著魚貫上岸的乘客們，我又回到了一切事物皆清晰而燠熱的陸上世界。

霧靄中的小舟劃過水面，很快地便船過水無痕。

4.5 蘇達班／這個國家最重要的觀光資源，是你看不到的老虎

Sundarban / Hardly Seen Tiger is Most Important Tourism Resource

我想像，當我有一天老得走不動，無法繼續旅行的時候，也許孟加拉這個國家，會位於我旅行記憶中的一個關鍵點。這個國家幾乎符合所有關於「脆弱」的條件。

孟加拉可被定義為一個典型經濟弱勢的、田野調查式的、國家地理雜誌的、環境浩劫的、衝撞著全球暖化第一線的，種種幾乎最為脆弱而逐漸沉沒中的國度。

即便有堪稱良好的經濟增長，也難以打平這個國家所遭遇的種種挑戰。

如果世界是一艘鐵達尼號，

這個國家就是它的船頭。*

* 赫曼．梅爾維爾《白鯨記》「若世界是一艘大船，這座講壇便是她的船頭。」

此處在生態世界的地位，以及其難以逃離災難的命定，規模可謂文明世界千百座威尼斯面積的城邦同時下沉，不論是居於其上的住民們：或是居於外邦的公民們，皆無人聞問。

孟加拉人唯有以**沉默營生**來抵抗，別無他法。

而在這最前線國家的最前線區域，是居住在蘇達班（Sundarban）周邊的居民。他們的命運，與這塊世界上最大紅樹林所代表的象徵，也就是皇家孟加拉虎的滅絕與否緊緊地聯繫在一起。

我關注這個故事的緣起，可追溯至百年前吉卜林（Kipling）由印度回返英國，並出版以青少年為對象寫成的《叢林故事集》（The Jungle Book）。

人與老虎的關係在書中，暗喻了天生為人，出走於獸類而步入文明的神話——身為日不落國的子民具有**天生高於野蠻人種的教化之職責**——但在帝國的殖民幻夢消逝之後許久，人與老虎的生命在困難的環境下，延續殖民者建立的神話轉化為當地人推動的「生態旅遊」，這樣一個具有時間壓力的贖罪行動實屬必要。對當地人而言，危險的老虎與發展的希望共存，並不是他們認為值得的選項。但當局心意已決。因為比起稀有的老虎，當局心照不宣，人民在孟加拉，幾乎是棄若敝屣的資源。

在本世紀結束之前，海平面上升可能使這個國家喪失將近一半的領土。當然，那時蘇達班的紅樹林肯定已消失，隱蔽於其中的老虎種群也終究會滅絕。而在那之前，遊客們尚有時間追逐孟加拉國最終極的觀光聖杯，也就是幾乎不可能見得到——神話般存在的**野生孟加拉虎**。

我們在小船上，在地圖上如鳥爪般捲曲延伸的河道支流中前行。兩旁一邊是人類盤據的最邊緣領域——茅草屋、空船與五顏六色的晾乾莎麗，而另一面一望過去則是叢林以及叢林在水上的倒影。

據說對面僅剩的一**百零二頭**老虎，其中總有某一頭，會在夜晚入侵人類邊界的民家。為了避免老虎入侵造成死傷，村民會在河的那頭繫著一頭牛，作為獻給老虎的供品，以換取老虎不過河來入侵人類的領域。但即使如此，每一年仍然會有村民因老虎的入侵而死去。

我就在這條行駛於農人與猛獸邊界的小船上。從寬而筆直的河道進入了一段彎曲的河道之後，就看見了停泊處之上紅樹林站點（Forest Station）的守望小屋，在這裡有一名軍人常駐。他們經年累月在此執勤，除了巡視與留意地區生態，當然最重要的是關注老虎的動向。

他們說，聽到老虎夜間捕獵時的吼聲，並不是罕見的事情。得知我們試圖想要在這裡看老虎一眼，並在牠一出現時馬上躲到守望小屋裡的想法後，看守人說，「你們一**定**會被吃掉。」

老虎的速度永遠快過人類。而老虎發現人類，也一定早於人類發現老虎，畢竟，叢林是屬於動物的領域。但是若真遇見老虎，而你逃不掉的時候。看守人說，記得跟老虎四目相對，老虎的動作會因而停止，牠無法與人類四目相對。那是你唯一的活路。

《叢林故事集》中同樣也有提到這件事。書中，身為狼群之子的莫格里在身軀的壯碩、力量和速度等條件都劣於老虎謝利．汗，但唯有在人類眼睛直視老虎時，才能讓動物臣服。在這部以印度的動物們為主角的寓言故事中，關於青少年的自我成長、定位與認同，更隱喻了大英帝國子民與世界上其他「未開化的人類」共處時的位階排序。

嚮導米卡里（巧合地，和叢林故事集由狼撫育的少年莫克里發音相似）一邊導覽著：「在旺季的時候，更多的人會搭乘三天兩夜的遊船，深入到紅樹林接近海岸的地方。」

我問：「是否到那兒有機會看到**更多**老虎？」

「當然，」米卡里說，他拿起手機給我看他的團員拍到的相片。相片裡的老虎在叢林中探頭，但是在昏暗的光線下，淡淡的斑紋可以確認是老虎，只比僅僅露出虎頭的輪廓好一點。

「這些團員住在船上，留下的垃圾也會帶回，白天他們會乘小船出發在紅樹林裡探險。在日間，老虎幾乎不會來侵襲人類。夜間或清晨獵食，對他們而言更加方便。只要避開危險的時間，到紅樹林裡是安全的。」

他一邊說著一邊帶我們到附近的紅樹林中。他指著遍布在土壤上高高突起約三十到六十公分的棍板狀物說：「遍布在土地上的這些突起，全部都是紅樹林的根。」他指著紅樹林樹幹兩節不同顏色的交界，說：「這是雨季河水高起時的水位。這個地方因為週期的不同，河海交界會將不同的營養帶入蘇達班，但地面突起的板根永遠只會是這個高度，尤其不會高於雨季時的水位……」

紅樹林站點的觀測小屋

居住在紅樹林對岸的村民日常

戴著棒球帽、白色連帽運動外套和牛仔褲的米卡里，是個笑起來很陽光的年輕嚮導，就像我們在班達班山區看到的達卡大學生。

我們在庫爾納（Khulna）市區旅行社的辦公室與他接洽的時候，他的英文程度明顯流利於他年紀更大的合夥人。雖然他說他「只是員工」，但我更覺得幹練的他更有經營者的樣子。他有一種天真但靈活的特質，通常是寶萊塢明星般受女性歡迎的特質。在車子進入庫爾納前，我們在某個隱密的工業區道路旁的小門，進入像是民宅客廳改裝成的酒吧混合體，買了一罐在全國地方看不到的孟加拉釀造罐裝啤酒（不是零度酒精飲料那種望梅止渴的東西）。

我們搭乘當地人的渡輪進入接近蘇達班的村子，坐上看來像是當地農夫的牛拉板車穿越村子。再進入蘇達班的最後一座村莊，經過正在以瀝青狀的黑色液體塗抹木船的當地造船師傅、將乾草堆積成蘑菇形狀房屋大小的婦女，追趕我們取樂的孩童，最後在一片已收割完的小片農地中央，出現了三座以架高的木橋，以一座木造涼亭連結三座有著大片玻璃和木架屋頂，像是科技與生態結合的帳篷狀小屋。

午餐是簡易的孟加拉式料理。恰帕提（Chapati）與雞腿，一點蔬菜，以及可樂。

我喝了可樂，把空罐收集起來打算帶走，這時米卡里說：「交給我就行。」我把空罐交給他，心裡想著：「孟加拉人有環保概念嗎？」彷彿察覺我這個自以為的質疑，午後我們在涼亭休息時他告訴我，他們試著在當地做一些類似社區營造的工作，結合當地人的力量，在這裡建造了這些（房子），也把部分的收入回饋當地，當然，這一切還有很長的路要走。我正想問他更多時，這時，他的同伴帶領另一團來自東歐的家庭抵達，米卡里告辭去接待他們。

米卡里其實家境不錯。大學畢業後，他並不想繼承家業（似乎是醫學方面），也不想從事相關行業的其他工作。他太靈活也太有想法了，不適合當員工。他喜歡與人接觸，做這行他可以遇見來自世界各地的人。另外，因為孟加拉的觀光業並不發達，當他在國外的時候，他想著，到底自己的國家最有特色的觀光景點是哪裡呢？在分析評估一番之後，他的答案是這裡。

當然，他說：「也不是那麼一帆風順。」

他的家人並不支持他現在在做的事，但他說這話的表情，並不像是因此而想證明什麼，而是有時在台灣某些環境好、家教好的小孩身上也可以看到，對於「做應做之事總會有好結果」的那種，看來天真卻正向的信心。

通常路上遭遇，僅為萍水相逢。我幾乎不加對方的ＦＢ或ＩＧ。但這次不同，我加了他的。雖然，我們很少聯繫。偶爾在上面看到他帶觀光團到韓國或亞洲其他國家的照片，我會有一種想法。「這個國家在被淹沒之前，會有人找到活下去的方法。」

說到底，在一個各項資源都如此匱乏的國家，面對未來的絕望，比起如何申請貸款或是政治上如何努力，甚至搞個什麼大建設，或許第一件需要擁有的事物意外的單純。

樂觀就夠了。

在這麼艱難的情勢上，又加上了新冠肺炎。旅程結束後我在台灣偶然搜尋他的ＦＢ。他把目標放在了餐飲外送行業。他是個閒不下來的機會主義者。而這次我對他依然樂觀。

總是會有這樣的人可以度過難關。

Colombia / Ecuador 5

哥倫比亞與厄瓜多

火山的戒指

COLOMBIA & EQUADOR : THE RING OF VOLCANOS

這時，他們剝去了繼承人的活肉，用黏土膏了他，在他身上黏上金粉，這樣他就完全被這種金屬覆蓋。他們把他放在木筏上，在他腳下放了一大堆黃金和祖母綠，獻給他的神。四位酋長與他一同進入木筏，他的臣民，身著羽毛、金冠、護腕、金耳環和金耳罩，也全裸著，每個人都舉著他的祭品。樂器、牛角、琴和其他樂器，在從陸地筏上起時就開始響起的音響，伴隨著巨大的叫喊聲震動了山脈和山谷，一直持續到筏子到達瀉湖的中間，那裡他們沉默地舉起了旗幟。

關於瓜達維塔湖儀式的敘述，Freyle, 1638

「**火環帶**（**Ring of Fire**）」是一系列環繞太平洋，因遍布火山與斷層帶而經常發生地震的地區：包含從紐西蘭南北島、印尼蘇門答臘、婆羅洲與菲律賓諸島、台灣、日本列島、堪察加與阿留申群島、阿拉斯加太平洋岸、加拿大不列顛哥倫比亞省、加利福尼亞、中美洲靠太平洋側的所有國家、哥倫比亞、厄瓜多、祕魯安第斯山及智利。

居住在這些地方的人們，若能不受外來征服而獨立發展，或許會像日本一樣，其底蘊來自於以頻繁的「無常」為基礎的神靈崇拜，最終發展出某種成熟的文化形式。

原因在於，這些地區若無外敵，也會有活躍的火山爆發、地震及海嘯。災難取代了眾神，頻繁地交替降下福佑及災厄，提醒於此環上的眾民「誰才是主宰。」其中，美洲環太平洋廣大區域的原住民們，面對著一致的命運——在崇敬天空與太陽等自然萬物的發展中，這串綴有黃金、寶石的項鍊，被「發現新大陸」的歐洲殖民者們粗暴地相互暴奪，以槍砲與疫病的力量給硬生生地扯斷了。拉美這串撕裂的珠玉，是一系列具有共同命運卻力量分散的國家群體。

哥倫比亞及厄瓜多，是南美洲獨立英雄西蒙．玻里瓦爾所建立「大哥倫比亞共和國」的核心區域，在建國之始即渴望具有民主政體的大一統理想國。但與大多數南美國家命運一致地，分裂後旋即進入了一連串屈從於寡頭與受箝制於美帝，並對其抗爭的歷史。

哥倫比亞的際遇還不算差——在拉丁美洲中，具有僅次於巴西與墨西哥的人口，以及恰到好處的地理位置；相對巴西和阿根廷離歐洲更遠，相對墨西哥離美國較遠，觀光上的名聲小於祕魯和玻利維亞，但人口更多、面積更廣。

哥倫比亞和厄瓜多，是從西班牙漫長的殖民掠奪下第一波爭取到獨立果實的國家。

5.1 波哥大／黃金與壁畫之城

Bogota / El Dorado del Graffiti

波哥大的埃爾多拉多（El Dorado）機場，是南美最繁忙的機場之一，也是進入南美的大門。這座以黃金國為名的機場，似乎也意在喚醒每一位進入者，關於過往財富的傳說、神話般的歷史，以及與殖民狂潮並存的殘酷。

五百年前，來到新世界的西班牙人，在安地斯印加巨大的黃金蘊藏面前，貪欲戰勝了恐懼。歐洲人以上帝與國王之名征伐，由此開始了整個世紀的瘋狂劫掠。巨量的黃金被熔製成金錠送回本國，使西班牙累積了「無敵艦隊」的軍事資本。即使因暴發戶般的傲慢，而使得無敵艦隊在十七世紀初被英國徹底擊潰，西班牙在此前百年，仍然是歐洲最強大的國家。

在西班牙人抵達之前的印加帝國疆域巨大，數百年來在交通不便的山區擴張其勢力範圍，直至安地斯山脈的邊界。但在那之外，仍有零星存活的安地斯文化。由千年以前便在現今的波哥大附近居住的穆伊斯卡人（Muisca）社群，比起中央集權的印加帝國，更近於不同酋長統治所集合成結構鬆散的聯盟。其中最著名的古物，是在瓜達維塔湖所發掘出的「黃金筏」。每一任酋長的繼承人在祭典中被剝去皮膚，裹著金粉步入湖中將其溶於湖水獻給女神——更為唯美的版本，是 **Dior 香水廣告**中的**莎莉賽隆**——並將木筏上所有黃金與綠寶石投入湖中的獻祭儀式。

源於一個部落的故事逐漸成為傳奇，而傳奇成為被不斷地轉述的神話，就如同魔戒一樣。

每一次轉述，黃金的數量都不合理地被誇大；故事中部落擁有的金飾規模，擴增為國家占有的寶藏，吸引著殖民者前仆後繼地瘋狂尋求黃金。由巨大的印加帝國分崩離析，以相等規模的黃金被瓜分開始，並以後來瓜達維塔湖的水被抽乾，橫徵暴斂的掏金者一無所獲為結束。但即使如此，數百年的時光，充裕得足以使傳說擴展，最終成為了南美大陸共享的神話。

神話的核心，終於濃縮到剩一個字，即 **El Dorado**，**黃金國**。

而在神話下「劫後餘生」的黃金，我從雕工精細的純金竹筏中瞥見血腥：「被割取的血肉覆蓋上了金粉」，殖民造就多少血腥，但原初神話的起源一樣殘酷。

在波哥大的黃金博物館，觀者能擁有霍華德．卡特在法老圖坦卡門棺木前的震撼，但不會遭受詛咒而亡。

我離開博物館走出戶外。寒冷的熱帶，輕微高原反應的不適，海拔兩千六百公尺的波哥大，全球第三高的首都，有著與雲層更近的距離，因而極容易觀察一天內由晴到陰到雨再露出陽光的面貌。雲層後面偶爾露出的藍天，吸引了觀光客拿出引人側目的手機。

這裡並不是一座高原小鎮。波哥大，是南美最物質主義的大城市之一。就算在舊城周圍，也有色彩鮮豔的現代高樓。比起南美貧窮國家的刻板印象，這裡看起來更像歐洲。

在舊城區（La Candelaria，坎德拉里亞）街道上，藝術與和

雕工精細的純金竹筏。

平的氣息充斥，頗具水準的壁畫俯拾即是。我很難想像這是一個二十年前仍受黑道與游擊隊肆虐的，世界上最危險的城市之一。波哥大，曾是世界塗鴉好手的聖地麥加。據說在全盛時期，每天約有八千位藝術家在這座城市各地創作。

讓波哥大在極短期間成為「全球壁畫之都」的原因，來自於二〇一一年某位藝術家在創作過程中被警方誤殺後續所引發的大規模抗議。事件激發起廣大的討論，而在其後幾任左派的市長授權之下，藝術家只要獲屋主同意，便可自由在外牆上創作，當局不能隨意破壞作品。

雖然，這並不意味著任何人都能在牆上進行創作，但將塗鴉藝術家視為文化工作者的寬鬆法規，開啟了整座城市在視覺上翻天覆地的變化。在藝術家中也有正反不同意見，有大力支持者，但也有像是「塗鴉藝術家一向以塗鴉作為反叛的手段來贏得聲譽，但當他們所做之事獲得官方許可而失去了反叛的對象之時，其創作的意義又何

波哥大街頭的壁畫

在？」的聲音。在眾聲喧嘩中走馬上任的右派市長，似乎打算逐漸管制「塗鴉作為一種創作形式的自由」，將城市帶回所謂的正軌。作為在這座城市創作的人們可能會覺得遺憾，但不管如何，至少，擔憂這樣的事情要比擔憂是否會在街上被黑道殺掉要好得太多了。

波哥大街頭仍不安全。假如，你在玻利瓦爾廣場拿出手機拍照而疏於防備，是有可能被針對觀光客的搶匪搶走手機，但遭受直接暴力的機率，已經不能算高了。

白天，街道再也看不出任何危險，直到夜幕升起之時，覆蓋波哥大舊城毒與血的帷幕才會重新拉開，如同吸血鬼莊園般的氛圍，讓人暫時感受到過去不安的躁動。那是在盡速回到舊城廉價背包旅店路上，對於哥倫比亞黑暗過去短暫的懷舊一瞥——街頭拿著酒瓶的醉漢在路邊嘔吐；喪屍般由角落竄出的吸毒者與穿著暴露的女子，以及二到四人一組的年輕混混——與看來危險的人保持距離，眼神避免交會，但用眼角餘光觀察其動向，不過度緊張但謹慎地通過，一邊想著，比起旅行南美獲得的巨大收穫，承受一點風險也許是需要的。

畢竟旅人，總比他人膽大。不然永遠不會出發。

5.2 基多，厄瓜多／赤道的聖母
Quito / Virgen de Equador

基多舊城天氣變幻莫測。前一秒還陽光普照，下一刻已大雨滂沱。我在陰雨中攀登國家誓言大教堂（Basilica del Voto Nacional）外牆僅及一人寬度的鐵梯。跨上塔樓，俯瞰舊城，舊城在午後雲霧迷濛的安第斯山群峰環繞，瀰漫著一股平靜卻奇詭的氛圍。但在過了半刻後，城市在穿透雲層的光線照耀下，卻又如同聖母庇佑，同樣的景色卻呈現神聖的柔軟氣息包圍著整個山谷。

基多是一座建立在印加帝國遺址上的城市。稀薄清淨的空氣下，潮濕的雲霧將城市妝點出略為陰鬱的氛圍。就像是在聖母庇佑天空下，寄宿著天主教來臨之前的異教靈魂。

安地斯山脈上的眾多城市大同小異——都建立在古代帝國曾經統治過的區域上、西班牙殖民者所帶來的建設、低緯度高海拔、同一語言，以及獨立以來所面對的共同命運。尤其是，哥倫比亞和厄瓜多這兩個鄰近國家之間，令初來乍到的我難以分辨其中的差異。但雖然有這麼多的共同點，經過了數百年的分離，這兩座首都還是不盡相同。

基多在某些方面是波哥大的強化版本：更高的海拔（表現在更明顯的上下坡度變化）、更完整的舊城街道（一九七八年被列為世界遺產歷史城區）、更多原住民化臉孔（同時也更具風情），以及這裡更像是多個小鎮的集合，而非一個大都會整體。

基多缺乏波哥大的現代性。比起擁有眾多摩天大樓的波哥大金融區，基多雖高樓不多，但感覺離天空更近。而因為腹地狹長，蓋在坡地上的建築物也更多。被陰沉的雲霧壓低的天空，使城市變得侷促，卻也使重心變得集中，以致於從城市的各個角落，都能看見無所不在的庇護，由小麵包（El Panecillo）山坡頂的塑像俯視整座城市的「**基多的聖處女（Virgen de Quito）**」。

大約十年前，當我還在紐約的語言學校上課時，一位厄瓜多移民來的同學，給我看她故鄉的相片。那是一張由下往上拍的舊照片。照片中處於黃昏之時，紫紅色的雲彩，有翼的銀色聖女像在逆光下泛紅，未受夕陽照射下的陰影如達文西筆觸般神祕。聖母如活物般仰視瞻望著天際。她告訴我，她已經五年沒有回故鄉了。而在拿到美國綠卡之前，她也不可能再回去。

我想，也許她正思念著她的家鄉。「不！我根本沒有想要回去。」她告訴我。

那張相片，只是為了一旦有人問「Where are you come from?」的時候，她可以拿出這張相片，以幫助她與人開啟話題，降低解釋的難度，有圖為憑嘛。

那天晚上，我做了一個夢。夢中，照片裡的有翼聖女，被叫做「基多的黑聖母」，即使塑像是銀白色的，但因身在基多，一座空氣清淨，但潮濕幽暗的群魔亂舞之城，電玩遊戲中的完美場景。我披著修士罩袍，扮演著「刺客教條」那樣的殺手，但不同的是，我來此被殺害然後升天——我就是黑聖母——我的臉孔與厄瓜多同學帶有原住民的麥士蒂索（Mestizo）臉龐和歐洲式的健美身材重疊。

有時候，夢是對於渴望的完美反映。拉丁的肉體、樂天的性格與原住民的野性結合，那構成我到訪厄瓜多前的第一印象。我以為厄瓜多人都是那般性感的。但在我最狂野的想像之中，也不曾想過有一天可能會實地造訪。那時，我是個不曾擁有兩星期以上旅行經驗的菜鳥，除了在紐約旅居，最遠只去過柬埔寨。

我特地選擇一個連搶匪都未起身的早晨，搭乘計程車來到山頂。

從遠方觀看，小麵包山就只是個形狀袖珍的土丘罷了。圍繞著土丘，錯落著一棟棟形狀單調、簡陋而不平整的房屋。這使得小麵包山如胸部般隆起的優雅輪廓，被像是疣或瘡疤一般的房屋減損了輪廓的優美協調。在通往山頂的路上住著貧窮的人。在南美城市中，坐擁俯瞰城市美景的山坡上，總住著因貧窮而被迫冒險，甚至犯罪的人。而在其他國家，這些地區通常會被有錢人的豪宅填滿……轉念一想，這些窮人，至少也還擁有美景？

基多的聖處女（Virgen de Quito）

司機在山頂聖母臺座的後方放我下來。走入聖母臺座的內部，在售票亭旁邊有一個漫畫版的聖母人形立牌，這略為沖淡了天氣以及觀光客稀少所帶來的陰鬱印象，增加了商業氣息和故作開朗的氛圍。由階梯向上，本來以為可以和在自由女神（Statue of Liberty）一樣，透過頭部觀景窗往外觀看，但是實際上，最高只能到環繞聖母腳下的露天看台。想來也是，鋁製的聖母塑像，目測不過三十多公尺吧，這大小跟自由女神自然是無法比擬的。在看台上試著憑藉記憶，在同一個角度下拍下仰角的照片，但無論如何，卻都拍不出同學那張照片的感受。

記憶中的夢境，與厄瓜多女同學的性感，協助我美化基多的一切。當我抵達，才發現自己其實早已知道真實比想像要平淡，即使基多已經保存南美最完整的殖民街道。也許假以時日，當下再次變成了回憶，基多便會重新在記憶中發酵成一座如酒般醇美的城市吧。

預約導覽的大學生拉斐爾（Rafael）帶我們走過被劃為世界遺產的基多歷史城區——由聖多明哥廣場（Plaza de Santo Domingo）經過聖方濟各廣場和修道院（Iglesia de San Francisco）往行政中樞的獨立廣場。

經過獨立廣場前，計程車司機們的抗議活動正在進行中。他們抗議市府漠視計程車司機的權益，政府卻置之不理。這個抗議成為二〇一九年政府取消燃油補貼，所造成的一系列全國暴動的前驅——最終迫使政府暫時將行政中心遷移到遠離首都的臨海大城瓜亞基爾。

與擁有自己貨幣的哥倫比亞不同，人口僅哥倫比亞三分之一的厄瓜多，在本世紀初，為了一勞永逸地解決通貨膨脹、貨幣貶值的問題，改用美金作為法定貨幣。但是他們仍然有自己的二十五美分硬幣。不同於鑄有美國各州的硬幣背面，厄瓜多的二十五美分硬幣，是一個著斗蓬的原住民頭像。

我好奇地想著：「這些硬幣能夠在美國使用嗎？若不能的話不是不太公平嗎？」我問了拉斐爾關於平均月收入的問題。他告訴我：「大約四百美元左右。」我又問他：「跟哥倫比亞比起來呢？」他告訴我兩邊的收入差不多。

但從很多面向看起來，哥倫比亞人看起來比厄瓜多人富有，尤其從首都的規模來看更是如此。厄瓜多以我們的標準看來是小國——可能因為我們總是跟大國打交道的關係吧——我們知道，量體每增加一倍，經濟規模會有四到七倍的增幅。同樣的一塊錢，在市場上會有七塊的經濟效益，即使從資料上看來，人均收入是相等的。

走在基多舊城，很難不被過去所包圍。除了無所不在的殖民建築、聖母院、教堂和廣場、石板路和帶有巴洛克風格的歐洲住宅，帶著黑色有簷圓帽的婦人用布背著介於個人物品和商品之間的包裹踽踽獨行。在覆蓋整座歐洲城市的六呎之下，是整個印加帝國的冤魂。高原城市到了晚上，鬼魂與犯罪的氣息在纏繞，若有靈異體質之人恐難以忽視，那揮之不去的陰森。這即是為何，這座城市需要聖母守護。

在厄瓜多首都街頭的人們。

一直以來，我都不太明白北回歸線、南回歸線，或赤道紀念碑存在的必要。

畢竟，若在所有赤道緯度為零的地方都蓋紀念碑，可以蓋到無限多。這實在算不上什麼獨一無二……但我想，也許對於一個以「赤道」為名的國家，赤道中線紀念碑景區，是有存在意義的吧。雖然，整座園區就像是政府為了觀光收入而毫無道理地擴大規模，卻沒有足以支撐收入的觀光人潮——但平心而論，大部分的景點不都這樣？

有了赤道中線，一條由紀念碑的大門中央延伸出來的黃線——跟馬路上的雙黃線一樣——觀光客們或坐或站、或者乾脆躺下來，玩著「上半身在南半球、下半身在北半球」的遊戲。他們拍照時努力地閃避同在一條線上做出各種姿勢的其他遊客們。走進紀念碑內部，只有一座電梯通往頂樓，再從頂樓沿路經過各種物理教材、一層一層走下去。其中最受歡迎的，是一個擁有兩個排水口的水槽，按下對應排水口的按鈕就會有水流下，藉以觀察慣性力在南北半球水流流向順時針和逆時針的不同。但我懷疑水流是否真能如此準確地對應。像是印證於我的懷疑，按鈕被玩壞了。看來，懷疑果然是科學之母。

乘坐纜車抵達四千公尺的海拔，右下角就是基多市區

僅僅高海拔，環境的一切看起來都不同了。若是將整座城市搬到百岳的高度，處於其中更會產生一種如夢似幻的距離感。

而這在南美，稀鬆平常。

搭乘 TeleferiQo，這是由海拔兩千八百多公尺的基多市區一路上升到海拔四千公尺登山口的纜車。

基多近郊的皮欽察山脈，擁有眾多四千公尺以上，可以一日來回的高峰，被稱為 Rucu Pinchincha，最高峰的 Cumbre 海拔雖然也有四千七百公尺左右，但在當地人的眼中，大概就只是台中人去爬大坑郊山或者台北人爬象山的概念。登山路徑來回大約五到七個小時，有標示清楚的步道。唯一的不安，來自於高山反應。但這方面，也可在舊城區街邊買嚼食古柯葉來緩解。

這是當地年輕男女約會的好地方。女孩們穿著娃娃平底鞋或有跟便鞋，套著一件長袖針織，就在海拔四千公尺以上，缺乏氧氣的雲霧中談情說愛。

只有拉丁的天主教女孩，擁有與爆乳翹臀的暴露外觀相反的最保守婚姻。雖然在厄瓜多，女孩們的穿著已經樸素許多。

5.3 在奧塔瓦洛採購，與委內瑞拉人一起通過邊境

Shopping in Otavalo, Crossing the Border with Venezuelan

在安地斯的道路上，
旅程可以向前或向後，永無止境的延伸下去。
開闊的天空、彷若靜止的時光，
草原上著斗篷的人影，以及遠方的雲層和火山。

我明白為什麼，
許多從南美回來的旅人，此生都會不斷回返。
當我聽著他們訴說時，臉上不得不壓抑迷醉的表情。
那樣的表情，很少在歐洲或日本的旅行者身上看到。
每一次，都像是第一次看見。看，那天空與遠方的火山……

每個週末，在**奧塔瓦洛（Otavalo）**，有著南美最大的假日市集。從鄰國祕魯和哥倫比亞往此集中的商品與本地的珠寶、服裝、木雕和石雕、繪畫、巴拿馬草帽，以及對於觀光客最重要的圍巾、斗篷等編織物——因為高原真的很冷。

據說奧塔瓦洛最初的意思，是「祖先居住的地方」，而在另一種語言中，它的意思是「潟湖的高處」。在西班牙殖民時期，此處已經擁有農業和手工業發展的基礎，在長久的時光中，此地慢慢地變

成了手工藝品交易的場所，再發展到今日的市集。很久以前，外地來的交易者，早已超過本地人的規模。

我在週五晚間抵達奧塔瓦洛，然後好整以暇地等待隔日市集。到了隔天，昨日入夜靜寂的街道，被各式各樣手工藝和織物的攤位占滿。這裡，也許是最適合購買巴拿馬帽的地方。穿著黑色外衣和黑色帽子搭配各式裝飾，背著用布包裹大包包的原住民婦人穿梭於攤位間，而在市中心攤位前售貨的往往是年輕人，販售的也是一些用現代方式包裝的織品——

即使是傳統市集，傳統的事物也逐漸被排擠到其核心區域的外圍。但在因高原地區的不便而阻礙了部分流通的區域，這樣的變化仍然相對緩慢。

奧塔瓦洛過去作為交易樞紐，在今日交通已獲得大幅改善的現代，其優勢早已淡薄，而聯繫著交易者們的，僅僅是約定俗成的習慣。什麼時候傳統會消失，不知道。但是以南美人的習慣，這樣的地方，還會再存活好一段時間。

繼續往北，接近厄瓜多北方邊境的伊瓦拉（Ibarra），在通往邊界的公車上，靠站時，會有人上車來兜售巧克力。我對於這種兜售早已見怪不怪。他們會把東西直接塞到車上每個人手上，一直到巴士上最後座的那個人手中，再反方向從最後一個人手中把東西收回來，若你要買的話，東西留在你手中，把錢給他便行。而這次我手中除了食物外，多了一張鈔票。不是厄瓜多流通的美金，而是面額一百披索的西蒙．玻利瓦爾。

我並不需要巧克力。但我為了留下那張上有南美洲革命英雄的紙鈔，我將一美金交給小販，買下

由左上開始順時針：買巧克力送的委內瑞拉幣、街道旁繪製的人物是西蒙．玻利瓦爾、奧塔瓦洛市集的宣傳看板、厄瓜多和哥倫比亞的邊境、市集攤位販售的紀念品、維持邊境秩序的軍警

了我不需要的巧克力。

對小販來說，失去貨幣面額價值的鈔票，就算印著革命英雄，價值也跟廢紙差不多。但對我們來說，不過是巧克力促銷品的鈔票，卻是我心中有價值的紀念品。

他們，不是厄瓜多人，是從委內瑞拉來的非法移民。

隨著越來越接近哥倫比亞邊境，集結的委內瑞拉人越來越多。一直到在厄瓜多/哥倫比亞海關，由於總統大選而關閉了七個小時。我們與委內瑞拉人共度了這麼長的時間，他們來自於一個持台灣護照無法進入的國家。

美女瑞米迪娥 Remedios the Beauty (not one hundred years)

瑞米迪娥（Remedios）與她的姐妹就站在厄瓜多邊境海關的長隊之列，與我們一樣，背著採購的大包小包，不同的是，她與她姐妹所攜帶的行李數量是我們的三倍。她們來往於邊境賣東西，在這個南美的金三角地帶——在厄瓜多採購；在哥倫比亞販售；在委內瑞拉走私——並非毒品一類，只是生活用品。但光是這些在委內瑞拉，可能有錢也不容易買到了。

在邊境聚集的背包客們、開車環遊世界的老旅人、騎三輪腳踏車環遊南美的年輕人、騎重型機車的阿根廷人、返鄉的哥倫比亞人……這些人很容易被區分出來，相較於衣衫襤褸而為數最多，來往於邊境貿易散居兩國邊境的委內瑞拉人而言。我拿出在公車上拿到的委內瑞拉幣，瑞米迪娥高分貝地大笑起來，然後歡天喜地，連珠串地迸出一堆西語。從表情來看，意思應該是類似：**「你這凱子就花一**

美元買了這什麼比垃圾還不值錢的廢紙頭？我的老天啊你還不如給老娘去弄個幾件衣服去賣賣！」我指著鈔票上的西蒙．玻利瓦爾：「he, hero!」（大拇指比讚）

又是一陣大笑。我實在不知道這有什麼好笑的。不過我大概懂。誰鳥那歷史人物，若有老外指著一元硬幣上的國父，告訴我「他是英雄」的時候，我大概也會在心裡暗想，這是哪兒來的活寶。

說不定我就是為了逗樂她們，才買了這張紙鈔。

然後我（真的）拿出一個十元硬幣，又演了一次相同的過程，瑞米迪娥與其姊妹們又再次笑得前仰後合，樂不可支，最後我把十元台幣送給她們。

瑞米迪娥絕不是什麼天仙美女。皮膚黝黑、粗壯、村婦的談吐，低胸T恤下的黑色半乳滿溢與快要爆開的緊身褲，標準的拉丁式身材與穿著。然而「瑞米迪娥與其姊妹們」的形象，卻讓我聯想到說話不經大腦又時常過度暴露日本漫畫中描繪的高中黑辣妹。我問她幾歲了。「二十二歲。」她說，但是飽經滄桑也缺乏克制的生活方式所對外表造成的傷害巨大，若不是她們花枝亂顫的活力，我會以為她剛過四十。

由委內瑞拉小販必須藉由鈔票來促銷，以及邊境像她們一樣攜帶幾大包貨物的單幫客，委內瑞拉這個國家能夠提供給國民的事物，似乎已經剩下**讓其自生自滅的自由**。

走在穿越邊境的路上緩慢前進，在不確定性中等待。一旦等待過久，委內瑞拉的過境者們也鼓譟了起來。人群中不時的倒喝采聲以及零星的衝突，以及爬上高處近拍攝衝突畫面的兩國記者，為了爭奪最佳拍攝位置而吵了起來，這時在哥倫比亞海關前等待的人群們反倒開始喝采，場面變得火熱，而剛剛正要大打出手的記者，轉而聯合拍攝爭執的等待過境群眾。

如果不是就在旁邊，我會相信當晚新聞中所製造的風向「被困在邊境無法回國投票的國民因為耽擱了回國投總統反對票的行程而引發暴動，支持者與反對者大規模在邊境衝突下，總統因政治因素決定在投票時間結束後準時開放邊境……」就是事件的全貌。

誰鳥這什麼鬼政治？哥倫比亞總統大選關委內瑞拉人屁事？其中有許多跟著起鬨的，是根本不在乎的委內瑞拉人。他們鼓譟，一部分是好玩，一部分是「別鬧了，我還要過邊境去討生活呢！」

混在這些「一日難民」中，我感覺到，在媒體製造真相的過程中，我們是怎麼樣成為了被揉捏的黏土，任意地成為故事的一部分，毫無掌控故事走向的影響力。

但瑞米迪娥不會在乎這個。她被逗樂了。今天對她來說，也已經夠有趣了。

即使在委內瑞拉人中，「瑞米迪娥與其姊妹們」，也是其中最歡快，以致於成為暫時對抗命運的存在。

5.4 薩倫托／咖啡軸心

Salento / The Coffee Zone

先前在波哥大富人區烏薩奎（Usaquen）的一間咖啡廳內：清爽的木質為室內裝潢基底、挑高的天花板與窗明几淨的大片透明玻璃。除了櫃檯區的即溶咖啡包、巧克力等小商品，久候的客人還可能在旁邊的架子上，購買以熱帶鳥兒為主題的各式周邊商品。若不是這些可愛鳥兒的招牌形象，為店內增添了一些熱帶氣氛，我認為這裡的質感與氛圍，相比星巴克也不遑多讓。

烏薩奎區屬於波哥大的富人區，接近各國使館和商務辦事處。商業大樓、高級旅館、特色咖啡屋，當然還有停車場巷弄內的假日市集。

即使像我這種對咖啡一知半解的人，也明白最適合栽種咖啡的區域通常是高海拔、低緯度的地方。因此位於南北回歸線內，具有高海拔的地點，便是最適合的地方。

哥倫比亞對於一般觀光客來說缺乏亮點，但是對於咖啡愛好者而言，哥倫比亞的排名就會大大地往前靠。在哥倫比亞接觸咖啡的機會非常多，因為全國絕大部分地區，都位於適合栽種咖啡的地帶，而這個國家多達百分之三十的經濟，也是仰賴咖啡豆的單一輸出達成。

一九二七年創立的National Federation of Coffee Growers of Colombia（直譯為哥倫比亞國家咖啡種植者協會，主要是管理哥倫比亞咖啡生產的品質認證以及咖啡農的權益、咖啡的價格等等）。在

在 Cocora Valley 隨處可見的 Wax Palm，一種葉片上覆蠟質的棕櫚樹，最高可達四十五至六十公尺。在哥倫比亞，是受到保護的樹種。

一九六〇年代建立了自己的官方廠牌。但真正開始品牌化操作，是在二〇〇二年之後，以Juan Valdes（台灣稱為「胡安．帝茲」）之名，逐漸成長為十三個國家擁有三百多間門市的品牌，負責推廣哥倫比亞咖啡。

雖然做為官方品牌，但不知道是否因為官方品牌咖啡豆供應無虞的緣故，胡安．帝茲專賣店的咖啡實在太濃了，我連加了奶的拿鐵都喝不完。

世界上很多生產咖啡的國家，本身沒有精緻的咖啡文化。像是衣索比亞或印尼所生產出的優質咖啡豆全都外銷，國內具有消費力的中產階級，其需求並不足以支撐自身所生產的咖啡消費。但在哥倫比亞，不管是前面提到的本土兩大連鎖品牌胡安．帝茲和昆蒂奧咖啡（Café Quindío，就是以鳥兒為招牌圖像的那間），還是任何稍有質感的小咖啡店，在沖泡方式的選擇上：手沖壺／土耳其式／日式慢滴／手沖冰滴／賽風壺／樂壓壺等選項中，至少能夠提供其中三至四項。這麼豐富的選擇性，是在其他國家喝咖啡所不曾遇見的。若這樣的服務出現在歐洲，也許我會覺得理所當然。但在這個人均和泰國差不多的國家，這樣對咖啡的看待可不是理所當然。

所以，在哥倫比亞某些省份，便被稱為「**咖啡軸心（Café Zone）**。」沿著亞美尼亞（Armenia）向北，薩倫托（Salento）、佩雷拉（Pereira）一直到馬尼薩萊斯（Manizales）這幾座城市周邊延伸的大片土地，錯落著無數的莊園，而薩倫托是其中最易於親近的風景小鎮。來到此處的旅人，或多或少都是為了咖啡文化，以及與其文化相襯托的美景，並享受此處山居優適氛圍而來。

每間莊園都推出自己的咖啡導覽，喜愛咖啡的人，盡可以一天參加一間。

莊園主人是一位瘦高的加泰隆尼亞人，遠從西班牙來到哥倫比亞的他，原先與此地的緣分只是因為旅行，但在接觸咖啡後，便對此全心投入，但這樣的投入也讓他失去諸多與西班牙的連結，甚至是和妻子的關係。

這個過程不是一夕之間發生：先後放棄工作、居住地點、與朋友的連結，和妻兒的關係。最後，他孤身一人，只有他和他的理念，以及反映出他理念所生長的咖啡莊園。他的眼神所散發的熱情火焰，讓他看來像是中世紀為了天主的事業而奮鬥不懈的傳教士。

在莊園裡，他不只栽種咖啡；而是環繞著咖啡樹，搭配各種不同類型的植物與其共生。對於生長週期緩慢的咖啡樹而言，他不曾像大莊園一樣，將無用的枝葉砍掉；而是令其自然生長，尊重每棵樹的生長節奏。

如果每棵咖啡樹的風味都一樣**完美**，那其中一定有什麼**問題**。

他說。

「沒有兩棵樹所結的果子是一模一樣的，」他以熱情、急促但不標準的英文解說。「與其追求每棵樹的完美，不如追求自然的多樣性。今天若樹不結果，但是你看，這裡、還有這裡、花長出來了，一年後，砰！它們全都會長出來，每一株樹，都是獨一無二的！」

這不是種咖啡，這是把咖啡樹當孩子養了。

在咖啡問題可為國策（如同半導體之於台灣）的哥倫比亞，咖啡的育種受到嚴密保護。這裡，只允許栽種最純正的一百多種阿拉比卡咖啡。

「Only Typica, No Castillio.」栽種任何其他品種的咖啡，都會因犯法而入獄。

在哥倫比亞的咖啡學校，學習咖啡知識完全免費。但先決條件是，他們只用西文授課，因此語言對於外國人來說就形成了天然的門檻。咖啡產業不會自己發展，它需要國家的保護與全民的共識。少了任一項，重要的事物將無法永續。哥倫比亞的咖啡同樣需要面對世界各地的競爭，隨著世界咖啡消費量的增加，越來越多的產區出現，以及來自巴西、越南大量栽種的咖啡豆、炒賣期貨價格、維持單一品種所需要花費的心力等種種問題，使哥倫比亞的咖啡業，在價格與產量之間的平衡問題，隨著時間過去，維持不變的難度越來越高。

但在這個早上，這些都不重要。熱愛咖啡的農人介紹他的咖啡，就像這天是他第一天接觸咖啡一樣。

5.5 背包客的大旅行時代
Great Backpacker's Period (2012~2019)

「我們沒有同時接待過這麼多台灣人！」辦事處的長官以略帶興奮的口氣在台上致意。

說多，也不過二、三十位台灣人，同時出現在波哥大的商務辦事處，而這已包含華僑、住在哥倫比亞的台商和在南美各地旅居的台灣人，以及來此旅遊的背包客。對於商務辦事處的職員來說，在冷門的哥倫比亞，這應該算是**聖嬰現象**（**El Nino**）了吧？

幸虧，第一次步入駐外單位，不是因為被搶、護照遺失或交通事故這一類麻煩事，而是因為一位受邀在此分享旅遊經驗的知名旅遊作家，我們就叫她X吧。

前兩天，X順道邀了同行哥倫比亞的旅伴小汪。「有演講，一起過去看看呀。」

當天，相約時間一起坐Uber抵達辦事處。在辦事處長官簡短的致意及職員的引言之後，很快進入正題，X接著上台分享自己的旅遊經驗。

孤陋寡聞如我，很晚才開始旅行。然而，不論早或遲，一旦經歷過將自己拋入虛空的悠長時光後，似乎便難以回到那個朝九晚五的世界。

旅人似乎獨自在長時間的旅途中，獲得了只有自己才知道的某種認證——一種代替現代社會失落的成年儀式。

回歸台灣繁忙的物質社會，這幾年，我只是**努力活著**。

但在不知不覺之間，身旁充滿了這些活得漂亮的旅人們的動態。在全世界，各種景點、奇風異俗、不同旅行方式，旅行者們互相連結。即使再怎麼不感興趣，卻似隨著這個浪潮上下擺動的韻律而填滿每日營生之餘的縫隙。

這是夢一般的生活方式，不是世上絕大部分人（包含我在內）的人生。我常自覺提醒自己。

當我開始一段長途旅程，那時旅人不多，天際的夜空一片深邃開闊。但當我回返，與正要出發的旅人擦身而過，他們開始有滿天繁星為其指路，並配備了超絕滿點的數位技能。

從二〇一二開始數年間，隨著社群媒體的成長，世界不再未知，太多先行者在前指路。如**寒武紀大爆發**，台灣出發的旅人，後知後覺後來居上，前仆後繼奔向世界。雖相對跟團，自助旅行的人仍不算多。而所謂的爆發，其實只是回返者如我眼中看到的同溫層。我，已不知不覺被納入「去過的人」組成的世界，得以不斷看見各種送往迎來的出發與回返。

這些回返的旅人們，像傳遞奧運聖火般，由一場又一場的講座，將幽暗無明的世界未被照到的角落點亮，藉由短短幾十張照片，和從口中吐出世界的珠玉。旅人們以社群與科技，分享令人讚嘆且驚異的旅程。

在這之間，我無知無覺地活著。似認命於自身生命靜止，並苟活於島上日復一日的營生，到訪的外國人視我同於，從生到死紮根故土的一個當地人。只有自己內心知道，我曾是完成遠行到歸返旅程的奧德修斯。

我默默地忍受，仰賴著最低薪資的壓力；僅僅是活過這個月已然用盡全力的世界。

直到勉強能夠浮上水面吸上一口氣。

當我終於浮上水面，旅人之間，已完成了一**輪完美的世代交替**。

旅人們可能在網路上交流已久，卻從未見過。

資深旅人如X，應該辦了百多場分享會，而我若先認識這個人，在看到分享時，必然會驚異於，她在聊天時從未提起的另外一面。

X小姐，在三十歲左右恢復單身。說因分手而旅行或許有點言過其實，但是那確實讓她的人生道路偏離了一度左右。在關鍵的三十大關，僅僅一度這微小的偏離，讓X拋下了穩定的工作，開始一年左右的大旅行。

回國後，她回到原來職場，卻發現自己再也不能適應。有著專案管理背景的她，把旅行的愛好跟企劃、寫行銷文案這類技能結合，對她來說不是難事。於是她不安於室地一邊工作一邊規劃出書、尋找出版社，將自己「化危機為轉機」的出走，寫成了啟發成千上百與她一樣，在相同的交叉點遇到相同抉擇的「輕熟、小資」們心有戚戚焉的暢銷旅遊書。

在旅行作家的書中，並沒有那些冒險或獵奇的情節。事實上讀者也不感興趣——要看冒險，去看電影就好了。

她的書以及她的分享，打動了許多與她處於相同年紀，遇到相同狀況的女性。漸漸地，她以出走為藥方，成了女性情感的諮詢者，以及她們低潮時的心靈支柱。書籍帶來的效益支撐她的收入，令許多背包客們只能仰望，而無法複製。

因為，由輕熟女旅行這個目標客群所堆起的山頭，或許只足以站立一至兩位作家。

暢銷作家／網紅是這樣的——她激勵許多人作和她一樣的事情，但更多的，是撫慰了更多做不到的人，代替那些人去看、去遊歷，去過她們想過但過不到的生活。不一定所有人都能和她一樣聰明、一樣自信、一樣幸運。驚險的奇遇和深沉的哲思沒有出現在她的講座中。也許，不是沒有這些可分享，而只是因為她的受眾不需要。

她的講座，你可以把旅行兩個字刪掉也成立，這就是她受歡迎的祕密。小汪說。

男生和女生在旅行中想要的東西不一樣。獨立的三十歲女性，早已具備出走的條件。缺少的，是沒人來告訴她們，敢於拋棄安穩（和不可靠的男人們）決定出走是最踏實的選項。只有妳走過的路不會背叛妳。她們只是無法決定，需要有人給她們一個推力。也許只是一本書、一句話，哪怕輕輕一推的力道，也夠了。

Monumento a los Colonizadores，殖民者紀念碑，是馬尼薩雷斯市的象徵地標，由該市藝術家路易斯·吉列爾莫·瓦列霍·巴爾加斯，以徵集該市居民的鑰匙或青銅或銅片而獲得五十噸青銅，在一九九七年至二〇〇二年間分階段製作完成。

這座雕像觸動了我前來此處，我從中感受到：不管何時何地，離鄉背井求取生存都是不容易的。

我們以為，心靈導師和意見領袖，擁有讓人聽命的影響力。其實沒有。那不過是她們自己決定相信。粉絲才是決定自己以及導師生殺大權的人。一本好書，若忽略了粉絲的需求，那麼書再好，究竟要為誰而存在呢？

已經歷百場以上演講的X在台上侃侃而談，在場際遇相似的人皆有共鳴，我注意到的是她把每個轉折拿捏得很好。把旅行作為職業，也需要相應的專業。我想。

能夠依靠旅行活下去，可能是很多人的夢想。我思考這種「活下去」的方法。帶團、團購、部落格贊助、寫稿、出書、產品代言、演講分享……人類歷史上第一次，有這麼多人可以只靠一直去玩而活著。在可見的未來，這道窄門，又會前仆後繼地有人湧入，直到有一天變成紅海。

接著另一位已經在國外旅行七年的旅人上台分享。她和X，是完全不同類型的旅人。就叫她R小姐吧。

R在大家眼中，曾是順從社會價值的乖乖女。她曾相信幸福，便是與愛情長跑多年的對象，在適當的時候完婚，生小孩。一樣三十歲出頭的年紀，在與論及婚嫁的對象分手之後，踏上了出走歐洲的旅程。這是她人生中，為自己做過最大膽的決定。

而她和X的相似之處也就僅止於此。

原先，R只想在歐洲學習三個月語文。但是因為不喜歡規劃，到了國外，便將一切拋諸腦後。

那是一種「只要起了頭，便不知何時休止」的特質。她沒有在三個月一到按原定計劃回台灣，而是延遲回國的時間。延期的幅度從三個月到半年，再到一年、三年、五年、七年，地點從英國流浪到歐陸，再前往美洲大陸。到R在講座上分享的這天，她已經在南美待了三年。

一開始的盤纏早就花完，但她確信自己具有非凡好運，可以保護自己不受別人所說的那些危險侵襲。雖然大家都不看好，但她用那股沒有道理的傻勁，就這麼在國外沙發衝浪了好幾年。除了特種行業堅決不做，餐館服務生、洗碗、擺攤，以及民宿的工作人員，所有背包客能做的工作她都做——看來一副傻大姐的個性，卻有堅忍的執著和韌性。

當她七年前出發，英文只聽得懂「How are you」，但在國外多年，已經能用流利的西語和英語與當地人交流。

雖然很少人敢嘗試這種不受控的旅程，但也因為她就這麼活了下來，才使得故事激勵人心。「這樣竟然也行？」每個人都不可置信。

R在台上分享故事的前十分鐘十分勵志，在場不少人幾乎逼出眼淚來了……但接下來，我卻被R描述的瑣碎生活細節所淹沒，而略有些昏昏欲睡。

但她的分享確實充滿熱情和必要的起伏。只是，她所關注的細節在演說中顯得繁瑣，像打開一個又一個塵封的包裹。她在過程中追憶似水年華，但因尚未鍛鍊出如X千錘百鍊的分享技巧，以及將旅行經驗化繁為簡的節度，以致於最後，需要身邊的X和司儀幫她結尾。

怎能怪她呢？畢竟七年實在太長，需要經驗修剪，也必須理解，她故事的精彩和瑣細都出自於她的同一種特質。

兩位完全相反的分享者，出走的動機卻驚人地相似。X精明自負、口才利便、懂得規劃自己。而R看起來，並不怎麼思考未來。幸虧，世界足夠寬廣，如此南轅北轍的旅人，都各自用自己的方式，過了好幾年在世界各國遊走的日子，也都活得好好的。

社群爆發使得旅人們更容易得到以前不易得到的資訊。旅人不需跟團，就能輕易抵達世界各地。在二〇〇四年（「背包客棧」網站設立的那一年）以前，當有人像背包客一般自助，便能收穫「浪跡天涯」的旅行家稱號。從二〇〇四到二〇一〇年之間，開始走向世界旅行的一小群六、七年級生，如今許多人都已經是這個圈內的意見領袖了。

雖然台灣很早就有人出發去探索世界，但從二〇〇四年開始陸續走出去的背包客們，是第一代在網路上尋找資訊，一邊也撰寫個人部落格，並整理旅行實用文章的最大群體。但即使如此，那時自助的背包客，仍然只占所有出國觀光者的滄海一粟。那時的一般人只有蜜月的時候，會一次去歐洲十幾天；只有代購的人，才會一年去日本十幾次。

而二〇一〇年後的世界，隨著金融海嘯的陰影褪去而逐漸復甦。對於台灣人來說，真正的「大旅行時代」才正是爆發前夕。

並不是旅行的年輕人突然暴增。首要的原因，其實就只是**成本**。光是廉價航空如雨後春筍設立，便令旅行的門檻極度降低。當出國最大成本（機票）變得低廉的時候，出國自然就只是國內旅行的延伸。不只歐洲、日韓，就連過去冷門的冰島，近年也轉為熱門，原因並不是通往冰島的廉航航線開通，而是在尋找機票時「意外」發現去世界邊陲的機票，竟然比想像中便宜。而獨一無二的經驗，價值遠勝一張廉航機票。

多數在台灣營運的廉價航空，都是在二〇一一年到二〇一三年之間成立。更多的航線帶來了競爭，機票促銷越來越低，也讓原本因為對廉航有疑慮而卻步的人們，亦被吸引而「一試成主顧」。同時，智慧型手機全面普及，所有的資訊更加便於攜帶及查找，加速了資訊的普遍，讓過去對搜尋旅行資訊規劃行程感到麻煩的人，也能更容易隨時隨地處理。

但回到原點問自己，為什麼要出發？難道只是因為便宜嗎？

不，是因為遠方有著在家沒有的東西。

大航海時代的貿易，除了帶來利潤，冒險家們也獲得了獨一無二的體驗及聲譽。昔日的胡椒和香料，今日成了旅人們社群媒體上的相片。在歐美早已普及數十年的自助旅行，直到廉航大爆發，讓我們終於開始站在與西方旅人相同的起跑線上。

大旅行時代，催生了一種每個人都可以很容易出國的趨勢——暫且稱為「出國的快時尚」好了——但，這個時代的興起，同時也凸顯了我們想像力的貧乏。

當所有人心中的獨一無二恰好一致的時候，結果就是，像冰島這樣自然景觀特殊而人口稀少的國家，每年要接待超出全國人口七倍的觀光客，等同台灣每年，要接待整個孟加拉一億七千萬人口來台觀光一般。

我們以為我們很特別。但是當我們的薪資、工作壓力與休假時數，以及接收到的資訊都剛好一致的時候，我們心中「獨一無二」的度假地，也就**剛剛好一致了**。所以從十幾年前，我們剛剛好慧眼獨具地選擇峇里島；剛剛好都去聖托里尼度蜜月；剛剛好都去長灘島放鬆，剛剛好去日本採購。我們擁有任意選擇的自由，但喜歡的東西卻都只是剛剛好地一致。

旅遊資訊的方便取得，反倒助長了旅遊國家選擇上的「馬太效應」，那些大家都去的國家，只會越來越多人；那些少人去的國家，去過的人不會再去。很少人肯用心發掘，其他那些不常出現在旅遊雜誌或影片、社群上出現的那些國家所具有的魅力。

但無論我們這種症狀有多麼明顯，總還是會有一小撮人，在世界各地尋找「不是剛好都一樣」的獨一無二。像是R的旅程，雖然我絕不會像她那樣旅行……但她的旅行方式卻讓我覺得，那具有獨立於「藉由去過**高級**的國家，提升**位階**的旅行方式」以外的魅力。

路上所遇見許多各形各色的旅行者們，抱有各種奇癖的旅行方式與追求，但往往因為不好解釋，所以也不好炫耀。

當時，身在會場中的所有人都相信，大旅行的榮景正方興未艾。雖然不像回教徒，但環遊世界在今日等同於願望滿足的五功之一。就算三毛仍在世，她也會被絡繹不絕的粉絲給淹沒，然後再被遺忘。三毛書中的那個撒哈拉，在一片繁榮的旅遊大潮下，恐怕已經不會再回返。

而人算不如天算。因為一場世紀規模的瘟疫，使得這波大旅行潮被攔腰斬斷。在被迫無法出走的狀態下，這些孤單又燦爛的環球旅行者們，藉由這段時間重新思考旅行。

旅行是一種生活方式，還是謀生工具？不旅行會死，還是沒有旅行也很好？

這些選擇數月到數年，花費人生最精華的時光離開家鄉，在數個國家之間浪遊的青年們，若無法旅行，他們將會成為什麼？

不像卡繆的《瘟疫》書中所揭示的存在主義困境，疫情過去後，當然所有人還是可以繼續。也許瘟疫，不過是一個小插曲罷了。

當世界越來越小，每個人都能輕易旅行的時候，「旅行」這個詞語便失去了它的意義。你能說，從你家廚房走到院子的你，是「旅行者」嗎？如果你離開了千瘡百孔的地球，前往火星，下一個即將被榨取的星球，或許還趕得上下一波旅行者的浪潮，成為新世界的馬可波羅，而矽谷的科技眾神們，想的正是這一類的事情。但除了他們之外的所有人來說，那恐怕還在十分遙遠的未知。

6 斯里蘭卡 佛陀的足跡

SRI LANKA : BUDDHA'S FOOTPRINT

Sri Lanka

世界是一體的／世界是不一樣的
能夠同時做到這矛盾的兩者，
我們必須重新看待我們的世界。

義大利導演伯納多．貝托魯奇（Bernardo Bertolucci）在電影《小活佛（Little Buddha）》中，藉當時演技尚顯青澀，扮演開悟前佛陀的基努李維說出他要的台詞：「追求極端不是求道的正確路徑，中道才是開悟的法門。」

導演以西方人的觀點，微妙地曲解了佛經的原意。但也合理，他只是以那時知識菁英普遍以東方哲學反思西方人的盲點。**追求極端帶來成功，但卻遠離了身處中道的安適**。

你必須**既是又不是**；你必須堅持，你必須妥協。你必須努力對抗命運，卻又必須適時放手。

沒有一種疾病能夠像癌症一樣，逼迫你同時擁有兩者；擁有求生的意志；同時還要有放手的豁達。

癌症，逼迫一個人在最短時間內擁有神性。

一個得到癌症的人最好的可能，是因執著以扭轉命定，或者開悟以圓滿而去。

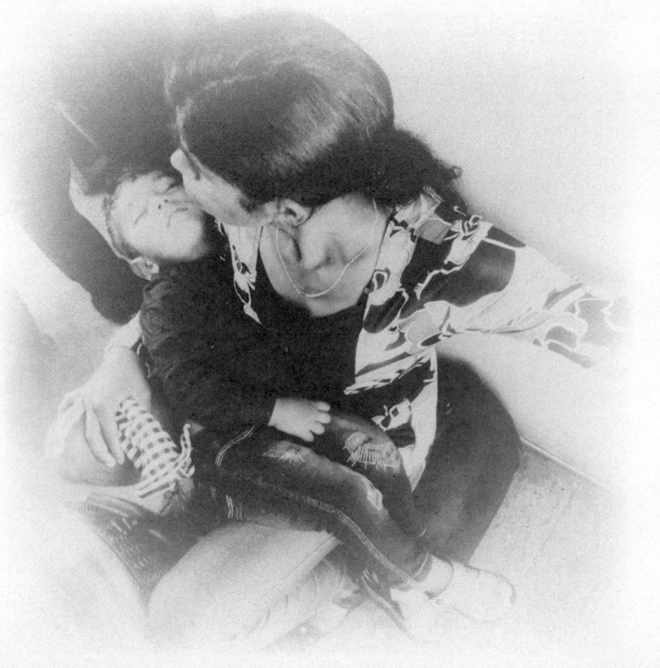

肝癌四期的張女士，在原本二期的腫瘤切除手術後，經歷各種治療及持續的復健，在大約一年二個月後再度復發。因為腫瘤轉移至肺臟，因此患部在化療前先以栓塞取代外科切除手術。化療的後遺症會影響進食，所以她固定服用某種增進食慾的藥物以確保能夠補充足夠的營養。

在此同時得知，心理的愉悅和環境的改善，遠離令人不快的世俗紛擾，對於病情的舒緩也能起到一定的作用。在鄉下長大的她，具備寬厚的性格、自娛自樂的幽默感，和隨遇而安的適應力。在被檢查出癌症的期間，她嘗試了許多或許能改善病情的方式，包含靜坐、有機飲食與山間小屋清淨空氣的修養。

當然，還有旅行。

這次旅行是完成小汪母親的願望：讓她接近她的過去——小時候生活的鄉村及自然，讓斯里蘭卡這片土地，溫暖地給予她慰藉，在她生命倒數計時之際。

6.1 尼甘布／海灘

Negombo / The Beach

他們是如此使用海灘。因為沒有冷凍庫那類先進的儲藏設備的關係，漁民會儘量把海灘的每一英吋用來曬乾大部分無法馬上消化完的漁獲。即使有許多聞香而來的野狗野貓和飛舞的烏鴉，所消耗的也不過是整片海灘魚乾的冰山一角。

女人們持續做著將魚平放和篩集、整理的工作。她們沒有小椅子可坐。一位身材嬌小的老婆婆，也許有九十歲了吧？在我們待在魚市場的幾十分鐘內，不間斷地站著整理漁獲。因為年老而使得她的腰部再也無法挺直，因而使腰部在站立時永遠成九十度角，而手部接近腳踝，幾乎像是某種瑜伽的體式一般。我們是這座海灘唯一的觀光客，唯有在漁獲間不斷地尋找恰當而不打擾的角度拍照以避開被注目的困窘。

但是與我們的猜想不符，沒有任何人來驅趕、兜售或招睞。他們，沒有閒工夫處理漁獲外的事情。因為所有人精神上的腰部，都已經被生活的重擔壓彎到維持生命所需的九十度角，就像那位九十歲的老婆婆一樣。

對漁民而言，生命就是處理漁獲的過程。

對漁民而言，生命就是**處理漁獲**的過程。如此艱辛，如此沉重。而老婆婆面對漁獲的身段，在九十度的腰部之上，看來卻如此輕盈，如此柔軟。

斯里蘭卡不缺如肌膚般光滑的白色沙灘和洋溢熱帶風情的棕櫚樹，但是對於依靠尼甘布海邊生活的這些人來說，那樣的使用方式太奢侈，太輕鬆到難以想像。

對他們而言，只要看起來毫不費力、輕鬆且美好，那肯定不可能屬於他們，而是屬於電視裡的世界。電視裡的國王、王子、模特兒、明星、貴族和企業家，沒有一人曾經在他們的生命中出現過。所以他們並未了解，電視裡的奇幻世界，是有錢人用讓窮人繼續待在窮人位子上的魔法。到底是因為有錢，所以擁有魔術呢，還是因為用了致富的魔術，所以才能過上那般富裕的生活呢？

在這個沒有所謂的觀光景點，清爽悠閒，卻仍偶爾有觀光者拜訪的海邊小鎮，我沿著飄散著魚腥味的主街上漫步，不時尋訪老舊而無人打擾的殖民建築。午後，在由殖民時期建築改裝成的咖啡館裡小憩，漫無目標地滑著手機，昏昏欲睡地有一搭沒一搭地與同來的旅人們聊天。

對比起旅行時體驗的一切悠閒，在台灣，我們往往生活得過於倉促。雖然，我也認為那樣的忙碌讓我警醒、且充實，也許這樣可以讓生命過得更有意義？

而昏昏欲睡會阻礙思考，使人不知不覺，一輩子不曾留下什麼便步入死亡。熱帶，具有令人無所作為而感覺滿足的力量。但我一生所受全然與此相反的教育——受到歐洲、美國及日本，所謂「寒帶思想」的宰制，於是一輩子只想留下意義，如塔可夫斯基所說：**「藝術家是自身才能的奴隸。」**不只藝術家，所有在寒帶思維之下成長的人，都是追求「自我意識，追求目的和意義」的奴隸，恨不得活著的每時每刻都銳利地清醒著……然而如此一來，人，就成了受自我意志控制的機器，難以放縱於醉狂的嬉戲。

從我認識張女士以來，不曾聽過她自怨自艾，也從不把事業上與家庭上的成就當作自己的功勞。她就跟她那一代的人一樣，無暇花時間思考「生命的意義」，在病痛來襲之時，她只能咬牙忍耐，在樹下、咖啡廳，真的受不了才會回旅館休息。

我們在咖啡廳中，等待她服完藥後一會兒，她又重新融入年紀小她一輪的我們，若無其事地說笑話，玩在一起，坐在當地的老婆婆身邊要求合照。跟大城市比起來，在小鎮，她更可以做她自己，雖然如此的時光並不長。

移動對身體虛弱的癌症病人來說是一件艱難的事。就算坐在開著冷氣，舒適的六人箱型車裡也一樣。超過兩個小時的移動對她而言，需要花費的能量就像我們徒步翻越一座大山。

她不曾抱怨自己的病痛，就算她痛到哭出來。

6.2 加勒／溫婉的熱帶 *Galle / Gentle Tropical Breeze*

斯里蘭卡的高速公路兩旁林木蔥鬱，田野一片翠綠。民家、熱帶陣雨、不時出現的小型佛塔，與許多叫不出名字植物的搭配組合，就像是某種庭園造景的創作一般。多樣化的鄉間風光，與我在馬來西亞的高速公路旁，一整片油棕林強迫症般的單一形成了鮮明的對比。

但弔詭地，能夠在高速公路上看見如此鮮明多樣的自然與鄉間，而極少看見單調的現代平房和醜陋的鐵皮屋，正證實了方興未艾的道路建設，是如何硬生生地切開千百年來因其偏遠落後而受到保護的鄉間與自然。

斯里蘭卡這座島嶼，因為她所在位置的關係，由四百年前大航海時代的起始，就逐漸落入不斷易主的命運。從葡萄牙人、荷蘭到英國人先後殖民帶來的種種撕裂，最終我們所看見的，是印度教泰米爾人與佛教僧伽羅人過去三十年的內戰。

幸虧，這座「菩薩凝視的島嶼」，有一天終於放下屠刀，迎來了和平。

嶄新的高速公路在海外資本的挹注下，像熱刀融化奶油般地劃過全無防備的鄉間，急速發展的觀光業讓斯里蘭卡這個國家進入了全球化的市場，尤其在首都可倫坡最為明顯。而全國其他地區，暫時還處於未至將至且怡然的初發狀態。

在通往加勒的路上，我們在一個叫做**希卡杜瓦（Hikkaduwa）**的小鎮稍做停留。

小鎮原以提供適宜潛水及衝浪的海灘美景而知名。但在二〇〇四年的南亞海嘯中，這裡遭受了毀滅性的災禍。關於這場浩劫的部分照片，就被展示在公路旁的海嘯照片博物館（Tsunami Honganji Vihara）裡。從尼甘布所看見漁民如何艱苦的活著，到從這裡展示的照片，我們遙想人們如何輕易地，在瞬間步入生命的終點。

所謂的紀念館，只是位於濱海公路旁廢棄鐵軌遺跡旁的一個小庭園，包含一個人工湖和湖心亭處的佛像。佛像的高度為十八公尺，被設計為剛好和第二次海嘯淹沒此處的高度一致。而第一次的高度雖然更高得多，卻無從紀錄。展示照片的紀念館位於入口右側，是一間外層覆蓋灰泥的簡單小屋。

步入小屋，除了一位看來像是義工的非正式工作人員、牆面上的照片和一張上覆玻璃的展示桌外，其餘的空間，被我們這些觀光客擠滿。觀光客們擠在相片前，閱讀一張張照片下方的英語說明，不知是否剛好同在室內的觀光客英語都不太好的關係，我看著好幾位遊客擠在壁面上像是念經一般默讀著文字的同時，一邊想著：「這是一場文字遊戲。也許，英語文字讀音的默讀剛好是南無妙法蓮華經、或普門品的僧伽羅語，在默讀著文字的同時，也完成了對於海嘯犧牲者的助念迴向。」

但那當然是不可能的。其中一張照片上的說明，是居民們在第一次海嘯過後，回到了恢復平靜的海灘上尋找失蹤的親人和找回損失的物資。然而因為習於和平的村民，從來沒有遭遇過這般天災，他們認為災難已經過去而急欲善後。在聽見由遠而近的浪濤聲後不久，這些人立即被緊臨而來的第二次海嘯淹沒了。

在另一張照片中，由海嘯過後被整個翻覆的鐵軌殘骸，可以想像當時海嘯的威力。一列火車剛好在抵達希卡杜瓦的同時遇上了海嘯，包含所有乘客和村民共一千七百人當場罹難。照片中可以看見，在海邊祈福的孩童，大多都失去了親人，他們抱著一絲希望，期待失蹤的家人會再度出現，不管他們是活著，還是死了。但是不論死活，他們再也沒有出現。

佛像的高度剛好是十八公尺。

紀念館中展示的照片。

捐獻後，工作人員為我纏上白色帶子。但其實不一定要捐獻，他們會為每一位來訪者在手腕上繫上白色的棉繩。聽到我來自台灣（Taiwan），他問起了泰國（Thailand）在海嘯來臨時的近況。而我也並未澄清，只回答他：「**一切平安**。」

宗教的慰藉或者祈福之舉，對於身強力壯的青年人來說，有時只是聊具形式。他們有大把精力去創造自己的幸福。但是當人步入老年，或者經歷過失去的受難者們，這些事物的存在，對於他們來說似乎便開始有了影響力。當我們一日一日朝死亡走得更近的時候，每一天都比前一天更虛弱，更容易被各種自然和超自然的力量所影響。這時，需要的不是增強，而是撫慰的能量。

罹癌者，經常需要在「增強」和「療癒」這兩種理念間做選擇。一種是「比過去更好」，而另一種是「這樣，就好」。相較起其他病症，他們有較多的時間與死亡共處。

即使在斯里蘭卡這個豐美的生命之地，如同世界其他地方，也不能免除令人猝不及防的意外。生命的有限，將感官的敏感度擴大，用感官的品質，來補償生命總量的喪失。前一刻張女士一張張地饒富興味看著照片，先是對於無常的同理，然後無常便無聲無息地棲息在她的身上。

很快地，她累了，於是我們回到車上休息，繼續前往我們的目的地，加勒（Galle）。

不論我在抵達斯里蘭卡之前，對這個國家有什麼樣的想像，一旦抵達加勒，最符合斯里蘭卡印象的一切關鍵字都將被實現。加勒這座城市，整合了熱帶、殖民、東印度公司、大航海時代、古城、堡壘、海灘、度假等等關鍵字，除了高山茶園和小火車之外，其他一應俱全。

接近赤道緯度的濕潤熱帶季風侵蝕了古蹟，而殖民者們則打破他們不受侵擾的平靜。在加勒，不，在整個斯里蘭卡旅行，很少會引發「人類對於自然恣意妄為，終將讓自然占據重新統治的地位」這一類的感受。斯里蘭卡人似乎較少濫用自然。可能因為宗教因素？也可能因其位於島嶼抵達不易？但最可能的也許是，因為他們在還未具備虐待自然的科技之前，就已經落入歐洲人的手中了吧？

從十五世紀抵達此地的葡萄牙人接手的荷蘭人，在十七世紀時開始將加勒堡壘加固成最大、也是現存歐洲人在亞洲保存最完好的要塞建築。但即使是這樣的堅固，加勒在南亞海嘯時也不可避免地被部分摧毀。堡壘之中，被古城牆所包圍的古宅小巷弄間，諸多的餐廳、精品店、紀念品店和咖啡廳給老巷弄增添了一種時尚的生氣，與歐亞混種的殖民風情。

現在，這座城市早已不再是歐洲人的城市，只剩下建築正門上方黑色連在一起的「VOC」字母與公雞標誌。這些符號提醒了遊人，東印度公司因其橫徵暴斂而輝煌的過往。

即使那對大多數遊客來說，僅是因其不明究理而適宜拍照的小標識罷了。

在**加勒老荷蘭醫院（The Old Dutch Hospital）**，一棟被建造為當時的荷蘭東印度公司下屬人員和海員提供健康照顧的建築，有優雅的白牆和柚木樑，一樓是一整排有樓上陽台樓層遮蔭的長廊，由角落的木製階梯可登上二樓。曾被作為軍營和市政廳的這棟建築，現在是城內最時髦的餐廳和購物中心。就在斜對面的小廣場上，在週末會有販售木雕、藝品和提供當地食物的小市集。它的魅力與珍貴性，在於一種珍貴、精緻且稀有的格格不入，這就是長期開發的殖民城市所具備的品質。

遊客在樹木簇擁著的燈塔下拍照，在海堤旁來回。

陽光穿過棕櫚樹灑下的陰影、平靜搖曳的海岸激濺的波浪，加勒的自然以一種溫柔的方式存在。

什麼是殖民地的風格？就我的觀察，那會是一種歐洲對於亞非、進步對於落後、溫帶對於熱帶的權力關係，具體呈現在眼睛看得到的地方。而當殖民的權力散去，那將會變成一種把我的故鄉強加在你的土地上，卻無法抵抗你的氣味逐漸滲入的一種，溫柔。

而在殖民時代已然遠去的現在，僅存的歐式建築，似提醒當地人不光彩的過去。而同樣的事物，給予了這些歐洲人一種熟悉感，和那種在他們家鄉絕無可能看到的生命力。與歐洲完美而可預期的城市建築相較，被殖民的堡壘整體仍處於現在進行式中。生氣勃勃的當地人與旅居而融入的外國人們在堡壘之內開店做生意，將歐洲留下的遺產化為他們自己的血肉，以使這座保存完好的堡壘得以重現新的生命。

過去的遺產並沒有像在歐洲一樣得到完美的保護。不起眼處恣意生長的熱帶植物，正在緩慢摧毀古城。但這種破壞，不但沒有毀掉步行在加勒這座堡壘巷弄中所應感受到的精緻和悠閒，反而為平靜添加了一種生機勃勃的野性。

我從未見過如此溫婉的熱帶，在加勒。

不過在某些時刻，平靜會被遊客自己打斷。

加勒古城牆最南端的**「旗岩（Flag Rock）」**擠滿了欲拍攝日落美景的遊客們。看著浪花在夕照下越過礁岩擊打城牆邊緣的景色確實不賴，夕陽照耀的天空呈現由橙色的火紅、再到火鶴鳥般的粉紅、再延伸出粉紫色到深紫色的過渡。同時，人們在夕陽下的剪影也十分有意思，若我是外星球的人類學家，我會針對於方向一致地在手指末端往軀幹方向向內捲曲，有著冰冷外觀的光滑長方形物件，經過短時間的暫停後放下手臂，被稱為「**自拍（Selfie）**」的行為，推想為某種民俗儀式的田野調查。為了不想成為研究的對象，我特意走到另一個同樣背靠海而視野較差且人群稀少的地方，拿起了我的自拍棒。

我曾經想像最美好的死法，是在九十多歲的某一天，在像加勒一般的熱帶觀光區海邊。海灘上，兒孫們彼此正打鬧嬉戲，海灘椅上的我正翻開一本書在讀，以眼角餘光看著沙灘上的一片熱鬧而華美的景象。我知道，若我願意，我還可以站起來踏向海浪，感受微溫的海水。但我懶得這麼做。

「不急，就躺著吧，」我帶著太陽眼鏡躺在沙灘椅上，打了個盹，然後當親人來叫醒我時，發現我已平靜地離去。

但很遺憾，世上只有極少數人能夠擁有此等福份。

我們身邊所知的過世長輩，大多生前被病痛所折磨。但張女士的父母年過九十高齡依舊健在，並未不良於行。也因此，本該擁有長壽基因的張女士，曾經相信那個時刻與她相隔尚遠。她在完全沒有心理準備的情形下被告知，在死亡的路途上，她已經插隊到她父母的前面了。步行在這熱帶殖民建築間縫隙生長的植物之中，她看著從小熟悉，在鄉下也見過的這些植物回想過去。她知道她很快就不屬於這個世界，卻又應該把握機會，不帶恐懼和擔憂地去感受，這片景色所帶給她的慰藉。

現在，這座城市早已不再是歐洲人的城市，只剩下正門上方中央的「VOC」標誌。東印度公司因其橫徵暴斂而輝煌的過往，今日已被遊人淡忘。

6.3 哈普塔勒／紅茶的軌跡
Haputale / Train Between Haputale to Nuwara Eliya

在加勒的最後一晚，趁著張女士去洗澡的時候，我和張女士的親人們趁這個時間討論明日的移動。下一個目的地是中央高地區域的哈普塔勒（Haputale），若是沿著前往加勒的同一條濱海公路南下，再往東，沿著米瑞莎（Mirissa）、馬塔拉（Matara）、坦加勒（Tangalle），在十八號公路左轉北上進入山區，應該能夠在入山前飽覽海濱的美景。

然而考量到張女士的身體狀況，我們得放棄這條路線，改成距離較短的路線。但即使如此，仍然需要花費五個小時的時間。

哈普塔勒是一座沿著一條單面山脊，百年前就存在的道路上建立的小鎮。由山脊這面的旅社向外看去，是一大片斜坡而下，無遮蔽的廣闊視野。但大部分時間，這片空闊的視野會被聚集於此的濃霧填滿，在晚上九點之後由窗外看出去，只看見十數公尺處的白色光暈，那是道路交會處的警示燈光，在這一排房屋的後方，小山丘的頂部則是火車站及鐵軌。

「我們明天一早就會去坐火車」我說，「可是有座位的票只有兩張，其他都是站票。而且，坐票會在站票的下一班次，約一個鐘頭之後。」

於是我們決定讓小汪陪她母親坐下一班，而剩下的我們，則搭火車一路站到納努歐亞（Railway Naru Oya），位於高山火車路徑中央的車站。

從哈普塔勒到納魯歐亞這條路線，會穿越斯里蘭卡產茶區域的中央地帶，至少經過兩個最重要的產區烏瓦（Uva）和汀布拉（Dimbula），只要在火車上，在移動中，我們便能將茶園美景盡收眼底。但上車後，發現車上全都是當地人，跟印度比起來不遑多讓。我只能被擠到車廂中間伸長手臂，不撞到人地試著拍攝窗外的景色，直到乘客慢慢減少，甚至還能空出一兩個座位時，我和同行旅伴，反而走到了車廂盡頭的門旁坐著，感受外面茶園的微風吹拂。

水藍色車廂平滑的外殼映照出窗外整片，沿著山坡弧線種植茶樹的碧綠色倒影。藍色的車廂，不時會被兩旁灌木叢和粗大的樹幹，映染出略為混濁的綠色。當茶園遠離車廂一段距離之時，茶株的間隙，在遠方毫無遮蔽的藍天下，如一層層蛋糕般層疊的紋路，帶著可口的芬芳。有一兩位當地人彈著吉他唱了起來，但未像流浪藝人一般索取費用，於是我們的零錢都給了高出一倍價格，用小塑膠杯裝著的熱奶茶。

錫蘭絕大多數種植園，原本栽種的不是茶而是咖啡。直到十九世紀中期，在咖啡開始被一種稱為「咖啡銹」的真菌大規模摧毀後，催生了咖啡種植業在錫蘭的消亡。此時，從英國東印度公司由印度阿薩姆邦帶進斯里蘭卡的少量茶葉，重新在錫蘭開始試行種植。

在一八六七年，由年輕的蘇格蘭人詹姆斯．泰勒（James Taylor，一八三五年～一八九二年）在中央高地成立錫蘭第一座茶園，開始大規模的種植。之後，這種作物在錫蘭便迅速地取代了先前因菌害而受到摧毀的咖啡。他所建立的錫蘭史上第一座茶園，稱作盧勒康德拉莊園（Loolecondera Estate）。五年內，他將茶葉種植園擴展了十英畝。從用木炭與陶爐實驗出茶葉的煮法，到發明了早期的揉茶機，詹姆斯．泰勒以各種工業時代的實驗精神，辛勤耕耘地建立他的茶葉帝國。

當他在一八七二年終於第一次將二十三磅的錫蘭茶葉分成兩袋，花費僅僅五十八斯里蘭卡盧比的費用，運回倫敦參與茶葉拍賣。會場上拍出多高的價格，我們不得而知，但是我們可以由這位被尊稱為「錫蘭茶葉之父」，幾乎四十年僅僅短期回到英國二次的英國人身上，閱讀到在優雅細膩的錫蘭茶葉的香氣背後，是以不屈不撓的堅忍，在支撐著這個產業的黎明。

遙想當時茶葉所帶來的繁榮盛況，必須要在努沃勒埃利耶（Nuwara Eliya），這座讓他們想起倫敦寒涼濕潤氣候的高地小鎮。這裡就像英國人一貫在熱帶亞洲各高地所建立的那些殖民小鎮。但不同的是，這座城市從一開始就只有英國人。由英國探險家山謬．貝克（Samuel Baker，一八二一年～一八九三年）在他二十五歲時建立的農業聚居區。

他試圖把英格蘭複製到遙遠的熱帶亞洲。一個完整的英國鄉間的輪廓逐漸浮現，包含公園、廣場、教堂、酒店、郵局、馬場、鄉村俱樂部以及高爾夫球場一應俱全。只有這裡的氣候，能夠讓我感受到斯里蘭卡難得也有冬天的存在。

我在錫蘭茶葉之父的家鄉，啜飲莊園的茶葉，用味覺感受錫蘭茶的百年歷史。

這一口歷史，融合了英國人的殖民、茶葉與咖啡的戰爭、辛勤不倦的努力、奴役、民族主義、英式派頭……

搭乘從哈普塔勒到納魯歐亞的火車路線，
穿越斯里蘭卡產茶區域的中央地帶

6.4 亞當峰頂

The Summit of Adams Peak

在刺骨的寒風，暗夜中等待日出。數百名旅人和朝聖者，為了占據更好的視野，平和、禮貌、安靜卻堅決地守護屬於自己的那一小塊站立之處。也因此，無論如何調整角度，想要拍到無人的日出景色是困難的。

當地人與觀光客錯落著，試著站在離日出近一點的地方。他們都有自拍棒作為輔助。但有些背包客，並沒有那類奢侈且煞風景的東西。甚至連手機也沒拿出來。那是稀有動物般的旅人。

對他們而言，拍照本身是無關緊要的。重要的，是登頂所感受到的集體經驗。這些背景、年紀、種族與穿著諸般不同的人們，在特定時間登上同一座山，觀看著同一道日出的光，這一切令我感受到世界大同般的氣氛。

這個地方既不屬於當地人私有，也並不只有觀光客：不需要花錢，也無法用錢使登頂的體驗更輕鬆（比如說，在緬甸的大金石，只要花錢就可以雇用轎伕把你扛上山）。

站在我旁邊兩步之遙，一位具有模特兒外型，卻頹廢而歷經滄桑的白人青年。在夜明前的一道金黃切口，打開了暗藍色的天空之際，他仰望初升日光的剛毅側臉所望向的遠方，卻讓我聯想到一張黑膠唱片的封面：卡拉揚指揮，理查．史特勞斯（Richard Strauss）作曲的《查拉圖斯特拉如是說》（Also sprach Zarathustra），由宇宙中觀看太陽由地球背後升起。

抵達的這一天，是斯里蘭卡佛教的「**波耶日（Poya Day）**」，也就是每個月的月圓之夜，剛好適逢聖足山的朝聖季，因此朝聖的人群將上山的路徑妝點的熱鬧非凡。凌晨兩點上山的我們絕不會迷路，往峰頂望去，會看到由點點燈光構成的道路，彷佛星光落入凡塵卻仍欲回返似的，迤邐蜿蜒曲折地向上延伸。

據說，往登頂的路徑有五千兩百級台階。意味著，就算登一階只花一秒，也要超過一個半小時。而越往峰頂，台階也就越加陡峭，道路也越來越窄。為了避免上山和下山的朝聖者們擠成一團，原已狹窄的台階再被鐵欄杆分隔為上山/下山向兩邊，這使得原本狹窄的台階更加堵塞，需要排隊才能通往山頂。

另一個讓我感覺具有世界大同色彩的故事是關於腳印……不同的宗教有著自己的說法。

在基督教和伊斯蘭教的故事中，亞當被逐

所有人在聖足神龕前等待日出

等待日出。

理查．史特勞斯作曲的《查拉圖斯特拉如是說》（Also sprach Zarathustra），卡拉揚指揮

* 山景令我聯想到平克．佛洛伊德在 1973 年推出的經典專輯“The Dark Side of the Moon”。

出伊甸園後曾在此停留，並在山頂留下了長度大約一點八公尺的腳印。而亞當峰在當地就叫「聖足（Sri Pada）」，Sri Pada 是由梵文而來，在泰米爾人的印度教信仰中，這腳印是來自於破壞之神濕婆。在佛教徒心中，這無庸置疑就是佛留下的腳印了。這曾因為遙遠而乏人問津的山頂，卻在馬可波羅及伊本・巴圖塔等偉大旅行家的書中出現。

原來，為了這腳印而蓋的神龕，早在數百年前已為人所知。這裡，對世界上主要宗教的信徒都有其意義，其廣度說不定更勝於耶路撒冷。

然而，若比起連續數小時行走在陡峭的石階向上爬升所期望獲得的回報，見到聖足本身所能給予的經驗遠遠過於微小。聖足本身是中間微微凹陷，凹陷處被白布與一堆硬幣蓋住的大石頭。跟隨著人群在柵門開放時湧入，隨著朝聖的人流驚鴻一瞥，立刻就被後方信徒和觀光客的人流向順時針推擠到出口。**就這樣？**這前後過程不過十五秒，在還未會意過來之前，最重要的朝聖已經完滿了。

然後在等候日出之際，由海拔一千兩百公尺的山腳直線向上攀登一公里所帶來的溫度變化，山頂無遮蔽的刺骨寒風迎面而來，其寒冷就連斯堪地那維亞人也難以抵禦。我看到一位穿著兩截登山褲的白人，把膝蓋以下半截褲腳拆下來套在穿著短褲的女友腿上，兩人依偎在一眾朝聖客之間，令人側目。年輕的無知帶有力量，讓女孩可以只穿T恤和熱褲登上海拔二千多公尺寒風刺骨的山頂。

隨著曙光照耀著整座山峰，風勢逐漸止息，溫暖降臨。光線照耀亞當峰，在山峰後方的山巒和雲海，留下了一個正三角的**平克・佛洛伊德式***的陰影。雖然這陰影不是月亮，而是太陽造成的。這神祕的三角，是過去的朝聖者對於這座山頂敬畏的總和，雖然這不過是倒影罷了，但也不只是這樣——如正三角般的完美造型、陡峭的石階、在月圓之夜絡繹不絕的朝聖者，以及高加索亞利安人種超人（Übermensch）般的側面，很難說在經過艱辛攀登而來到頂峰的朝聖者之中，不帶有某種意志的勝利以及性靈的提升……

在那一刻，所有人都只有朝聖者這個身分。

在魚貫下山的路程中，所有的茶館擠滿了上下山的旅人及朝聖者，他們緊握著手中裝著滾燙熱奶茶的玻璃杯，視線從自己呼出的熱氣延伸到茶館外邊逐漸散去的晨霧，看見金黃色的晨光均勻地灑在由幾乎不可見的山道切分的一整片綠色絨毯，其間點綴著如同寶石般泛著閃亮水波反光的人工湖。

亞當峰頂看見的完美正三角。

6.5 康提／佛牙的旅程
Kandy / The Journey of Sacred Tooth Relic

我已經不記得從哪裡看到關於佛牙的起源故事。

佛陀入滅後，門徒們聚集在拘尸那迦，以檀香木焚燒佛神聖的遺體。遺體有舍利子八萬四千顆，被八位遠來爭奪佛陀遺骨的國王平分。在國王們離去之後，一位名叫讖摩（Thema）的比丘尼，在餘燼的柴堆中發見了佛陀的左犬齒。或許不願再引來惡犬分食般的爭奪再次發生，比丘尼往東，遠離她出生的地方，遠離佛陀出生與死亡的地方，直到她抵達再也無法前進的海洋，即使佛陀的名號已傳至當地。在那兒，讖摩將佛牙交給了羯陵伽王國（Kalinga）的國王布拉瑪達塔（Brahmadatta）。

天色逐漸黯淡，但傾斜的夕照仍照亮了端立於護城河上的**佛牙寺（Temple of Sacred Tooth Relic，Sri Dalada Maligawa）**白色外牆，金粉般的色彩過度，卻像柔軟的絨毯般，均勻地鋪在護城河外的石板地面上。

來到佛牙寺入口前，為數眾多的參拜者，大多是身著白色制服的學生。白色。象徵神聖與純潔，而學生，帶著對於追求知識與人生，一種天真的直率。這些學生們被帶領魚貫而入，帶著校外教學的雀躍但不失莊重。

我追隨他們進入，穿過繪有精美壁畫的走廊，進入了主殿。

內殿。不少觀光客與圍繞著進行參拜（puja）儀式的展演者。但更多的，還是參訪的信徒和學生。儀式中的鼓聲與音樂，和唱誦佛經的聲音一齊鳴奏。鼓聲高亢而不刺耳，在樂器停下的同時，誦經的聲音不斷持續，一大群人用低而微小的音頻發聲，不同的高低音頻與發音速度前後誤差微小的時間差被平均起來了，雖然細微但不會被忽略——那低頻的沙沙聲，聽起來像磁帶受損時的聲音。正殿兩旁樓梯通往二樓的主殿，在二樓寬闊的走廊上，坐滿了朝聖的斯里蘭卡人，也有為數不多的外國人跟他們一起坐著。我們試著尋找佛牙舍利的蹤跡，但當然以其貴重的程度，一般的遊人無緣朝見。

在佛牙抵達丹塔普里（Dantapuram）的八百年間，人們漸漸相信，擁有佛牙的人同時也擁有統治王國領土的神聖權力。這引發了一連串為爭奪或破壞佛牙舍利的戰爭。最終，國王古哈席瓦（Guhasiva）命令王子丹塔（Danta）和公主艾瑪瑪菈（Hemamala），又一位女性，將佛牙舍利護送到安全而遙遠的地方。艾瑪瑪菈公主將佛牙舍利藏在髮髻中夾帶到斯里蘭卡，交給當地的國王。此後佛牙舍利便為斯里蘭卡王權的象徵，更是佛教徒心目中的聖物。

過去宗教提供了道德訓示與對人民遭受苦難的撫慰，但在那之外，還夾帶了一種獨立於功能之外的美。審美經驗雖只是所有的宗教產生的附帶產物，但對於旅人來說，卻是最重要的副產品。

我跟著眾人坐了下來，試圖弄清我的感受。不久我就覺察，宗教與美學經驗之間有「**測不準原理**

左上：學生們進入佛牙寺的長廊。右上：儀式正進行中。左下：前方緊閉的門中，存放著佛牙。
左下：在寺廟前集合的學生。

（Uncertainty Principle）」*的特性存在。越試圖要弄清楚這經驗是什麼，便更與之背道而馳。而當我不預期的時候，經驗便安坐在自身中。

女性信徒，經常比男性信徒更為虔誠。也許，女性總是比男性更義無反顧。因為，她們總是更願意相信自己所不懂的事物。而男性總是想要理解，以將其當成安全感的來源。

大抵如此。所以總是女性守護住了最初的佛牙。

佛牙在斯里蘭卡起初被供奉在阿努拉德普勒（Anuradhapura）的無畏山寺精舍（Abhayagirivihara），並輾轉被移至波隆納魯瓦（Polonnaruwa）和斯里蘭卡中部的丹巴德尼耶（Dambadeniya）諸王國，最後被帶至康提（Kandy）。

在葡萄牙人入侵時期，他們得到了這顆佛牙舍利，在拒絕了緬甸國王繳付贖金的要求之後，葡萄牙的大主教為了宗教的原因，粗暴地用杵和研磨搗碎了它。故事本應就此結束。

然而，在另一個故事的版本中，佛牙並未被毀滅，而是再次地被隱藏起來。直到半個世紀之後，這顆佛牙終於回到康提。

捧一束鮮花，在不可見、亦不可知的佛牙跟前，奉獻。

既為不可見，便也無法向神聖的佛牙要求些什麼。既無法要求，便只能給予。神聖佛牙在斯里蘭卡的存在，不過是信徒們給予愛的理由。佛牙的旅程所經之處，一切皆為之動盪、顛覆。

這種力量到了如今仍存在，即使原來的佛牙本身是否實存，也已不再重要。

到了晚上，含有草藥香氣的聖水氣息飄散在空氣中。儀式仍在進行，而我已步出佛牙寺。低沉頌唱聲仍細不可聞地持續著，我知道這一切在我走後仍舊繼續，便覺安心。

流落在外多年而終於回歸康提，貴重的佛牙被安置在皇家園林之中。令人尊敬的皇家建築師 Devendra Moolacharya 擴增並建造了佛牙寺結構特出的八角寶塔和環繞其外的護城河。這還不夠，在圍牆的四個角落，分置印度教諸神：那多天、毗濕奴、迦多羅迦摩神廟和帕蒂尼女神廟來守護佛牙。

在兩百多年間，即使中間經過英國人，以及共黨的「人民解放陣線」，以及信仰印度教的「泰米爾之虎解放組織」的攻擊，但如今，內戰已然結束，作為斯里蘭卡的象徵，結束旅程的佛牙，再也不會被毀滅。

我的旅伴小汪，生命中有幾年是在國外度過。她經常與母親分享在國外看見的所見所聞，而母親也回報以溫暖的鼓勵和開放的好奇與之回應。事實上，我和她，以及她母親，便是在緬甸認識的。她知道母親喜歡去的地方。較少發展，觀光開發相對較少但是人情溫暖的國家。比起歐美日的精緻、先進，張女士更偏好造訪那些會讓她聯想小時在鄉下成長回憶的國家。她最

＊ 在量子力學裏，不確定性原理（uncertainty principle，又譯測不準原理）表明，粒子的位置與動量不可同時被確定，位置的不確定性越小，則動量的不確定性越大，反之亦然。

近腦海中的影像，是一個破碎的沙漏，時間像沙由指縫落下，未落下的沙粒或許是她僅剩的時光。接近死亡如同接近火焰使人警醒，而旅行似乎能再度喚醒怠惰的感官。在旅行時的她，比在台灣時更為神采奕奕，然而夜晚回到旅館房間，她常對著女兒泣訴。

她最後的願望，是不想讓雙親「白髮人送黑髮人。」

晚上是難熬的。在陽光下平靜美好的氣氛必定在此結束。為了不想讓快樂冷卻，在康提的某一晚，張女士主動提出打電話預約肯德基送餐。在這裡吃西方速食，帶著一種節慶歡樂氣氛般的大啖雞翅。藉由歡樂的氣氛，來驅散對於夜晚的恐懼。

即使，這樣的一餐對她的身體而言，難以消化。

我和旅伴聊起未來。身為旅人，從獨自背起背包旅行開始，我們看盡世界的寬廣。當下，我們從未想過死亡。不，就是因為知道人終有一死，我們才會把握當下，去看，去感受自己仍活著。

「**假設**我得了癌症，」我說，並加強「只是假設」的語氣，不使其一語成讖。「該死的癌症機率實在太高了……我要變賣所有財產，然後一路旅行到死。」

「就像《一路玩到掛》那樣？」小汪說。

「對。」

「那牽掛你的人，和你牽掛的人呢？就這樣放著不管？」

「……」

「你不明白。」小汪嘆了一口氣。「我一直陪著她。這一路上，她的感受是美好的，但是她的身體並不輕鬆。我們現在還覺得，整個世界都等著我們去探索，那是因為我們身體還健康。如果你真的生了病，我覺得你完全不會想要出門，更別說什麼一路玩到掛。」

「只會一路到掛，我知道。」我說。「所以我們才要把握我們還健康的時光。」

「你知道，我知道。」小汪說。「但我們不是真的知道。因為我們都還沒遇到。」

我從她的話聽出了一點沮喪。她剛出母親的房門。「至少，妳已經盡量做了妳能做的。不會留下遺憾。」

一直在路上的人，似乎老得比較慢。這是真的。但是就算是旅人，也受自然律的掌控。

這一晚，似乎受到什麼而啟發，我們閒聊旅行與老死。

「不是有很多，那種工作超級認真的人一旦退休下來，很快就走了的故事嗎？」

「我媽就是。」我說。「年輕時過苦日子，退休下來好不容易可以享福，結果被醫院耽誤治療，突發的癌症未受控制，一個月就走了。」

「但是，一直旅行，就像是不斷流動的水。」小汪說。「心情愉悅又常活動。應該癌症不會找上門吧？」

「誰知道呢，」我說。「對那些一直在路上的人來說，久了，旅行也會像是某種**他必須完成的工作**。

當他們終於慢下來不旅行的時候，可能也是準備離開的時刻了。」

「不會吧？」小汪說。「你和我，不都是會一直旅行下去嗎？雖然我七十歲還是有可能想退休，不再旅行，待在泰國的某個小鎮，跟貓玩，然後找間咖啡店坐著。這樣的老外不是多到翻掉嗎？不會很難吧？」

「如果妳生病了，台灣的健保是妳唯一負擔得起的選項。」我說。「把一些賺錢的時間拿去旅行，我們要明白這之中的代價。當然旅行可以紓壓，讓我們付的買藥錢較少，不用過幾十年身心失衡的上班生活。但是所有人都一樣，該消失的時候就是會消失。旅人的故事總是美好，是因為我們看不見那些默默離開舞台的人，這是另一種**倖存者謬誤**。只有最美好，或最悲慘的極端旅行故事會被留下來，而平凡的故事，像是得了癌症這樣的事，沒人有興趣知道。只是……比起聳動的極端故事，那些別人覺得不夠格拿出來當故事的人、地方或國家，卻常常吸引我前往。」

「我好像懂……旅行者鄙視平庸，他們追求最偏僻的、最少人到訪的地方、最厲害的美食和奇風異俗，但是最平庸的那一半，才是支撐著我們可以像這樣，繼續旅行的原動力。我們總是以為，我們是靠自己的力量獲得自由的。」

「我們能前往任何地方，是因為有觀念開放，性格穩定的父母做後盾。」我說。「他們安於不如我們豐富的生活。這就是為什麼，我在有能力暫時離開的每一刻，仍然會想到留在家中的家人。我以為自己得到的一切，完全是歸功於我努力還債或什麼的……但其實不是。然後，當我知道這件事的時候，我媽已經不在了。所以……」

「我知道你要說什麼。」小汪阻止我繼續說下去。

6.6 錫吉里耶／消失的日本人
Sigiriya / Disappearing Japanese

獅子岩，是全斯里蘭卡觀光密度最高的景點。就算是外國人最喜愛的加勒古城，也還有大量的當地人在城牆中開店做生意。但在這裡，除了遺跡管理人員和在地嚮導，其餘全都是遠道而來的觀光客。錫吉里耶之於斯里蘭卡，就等同於泰姬瑪哈陵之於印度、馬丘比丘之於祕魯、吉薩金字塔之於埃及、佩特拉之於約旦……總之，每個國家，都應該會有這樣的一個觀光熱點。

這塊橫空拔地兩百公尺的巨石，門票價格也最具分量。三十美金不是多昂貴的價格，但在斯里蘭

遊客沿巨石旁的階梯拾級而上。

經過重重向上的路徑，才抵達獅子岩本尊。

卡已經是絕無僅有了。對於長途旅行的背包客而言，門票是需要考慮再三的一筆高額開支。若我有著至少半年起跳的時間，十幾個國家要去的時候，對於景點門票的價格與價值，取捨標準便得嚴苛許多。

在售票處排隊時看見兩位背包客。露出短褲外毛茸茸古銅色大腿的高瘦三十多歲男性，背著大背包，在跟一位二十歲前半，背著小攻頂包，臉手有粉紅色曬痕的豐腴紅髮白膚女性爭論是否值得為獅子岩付費。他們的風格南轅北轍，我原本以為他們不認識，但由他們的肢體語言，我猜想他們可能是在路上認識，在一起後繼續旅行。

從他們爭論的聲量之高，我能夠清楚聽到重點。

高瘦男子向女孩解說，獅子岩是由某位生性多疑的王子，在弒父取得王位後，為了避免逃亡的王兄前來報仇，所以大興土木將新都城建造於一塊巨石上。從雲端之上的位置俯瞰下界，可以全面獲得掌控的權利。但兄長最後仍然回來報仇，並讓弒父的兄弟付出代價。

「蓋這麼高根本**沒用**。」紅髮女孩回應。

「這就是一個瘋狂的國王蓋的。」毛茸茸的男子揮汗如雨地說，雖然還是一大早。他絕對是怕熱的北歐人，我想。

「不過，」毛茸茸男子說：「妳難道不覺得世界上很多厲害的建築物，都是瘋子蓋出來的嗎？那不才是錫吉里耶的**價值**所在嗎？」

「也許吧。但我可不是瘋子，要爬那麼高，我才不去。」紅髮女說。

「妳應該好奇！正常人真的不可能在兩百公尺上的大石頭上蓋城堡。連種樹的土都要運上去！」男子賣力強調它的價值，但方向完全錯了。

「你說他們每個人都是攀岩高手，除了國王。在這件事上，我跟國王是同一國的。哈！」紅髮女孩說。

「國王一個人孤零零在山上，而且他不會攀岩。」男子說，「不過我倒是攀得上去。」

「好吧，親愛的，那你上去吧，總之，三十美金實在太貴了。」

「嗯……」男子說。然後他繼續解釋了一些歷史典故。可想而知，她根本沒有興趣。

可憐的男子，可憐的考古愛好者。

最終他們還是達成妥協，決定到附近二十分鐘的另外一塊山丘上。據說，從那裡遠觀錫吉里耶，美景更勝一籌。

穿過位於入口的花園遺址，從兩塊巨石之間的縫隙之間，在接近獅子岩主體的階梯上向上攀登，抬頭看見穿著各式五顏六色衣服的觀光客，進退不得地擠在從巨石底部架高的步道和欄杆，一直滿溢到階梯的盡頭。這畫面讓我想到喝珍珠奶茶時卡在吸管裡的珍珠。

確實，比起獅子岩本身，我對於來到獅子岩的觀光客們更加感興趣。熱門景點提供的少數樂趣，是能夠有機會觀察跟自己一樣的大批觀光客們。

人群移動的速度極為緩慢，時間長到令我幻想自己是因血管壁堵塞而延遲運送氧氣的紅血球。總之我要說的是，這種速度真的是沒救了。

既然難以迅速前進，我便只好跟旅伴玩起猜國籍的遊戲。

這是一種刻板印象的印證。比如說，戴著打高爾夫球那種，帽簷是深色透明塑膠片的白色遮陽帽，戴著太陽眼鏡搭配白色運動服的中年婦女，是韓國人的比率相當高。後方十步左右，穿著軍綠色短褲跟粉紅上衣的微胖男孩很有可能是泰國人，我是從短褲平均比其他東亞國家短八公分左右的自在程度來判斷的。

這個刻板印象的練習還在繼續。我請聽覺敏銳的小汪幫我偷聽她們所用的語言。在放棄觀察另一位皮膚稍黑，看不出國籍的濃妝女孩後，轉而觀察前方右手邊兩位分別穿著桃紅色跟紅色上衣，身著亮片彈性牛仔褲的中年婦人。嗯，可能是中國人吧。

她們身旁綁著馬尾和特大太陽眼鏡，穿著亮銀色條紋瑜伽褲與 Balenciaga 厚底運動鞋的女兒，我接近後，聽到捲舌的中國北方腔調進一步印證了我的假設。

很好辨認。即使在觀光區，也依然呈現大國風範的她們。

某方面來說，他們可說是當代的、反向的大英帝國。過去的大不列顛將其殖民地的一切搜刮回英國。而現在的中國人則向世界輸出他們的子民。

這幾年在一群旅人中旅行時，偶爾會感覺違和。我總覺得少了某個人，存在感不強卻不曾忽略的熟悉面孔，已經維持好幾年了。

我像是緬懷一個日漸**消失種群**的民族學家，在接受旅行的快慰同時，也感受到些許惆悵：那些過去最常遇到，不惜深入前往最偏僻之處獨自旅行的日本人好像消失了。

從獅子岩的頂上眺望。日本旅人已像瀕危動物般稀少，圖非當事人。

在這群展示著多樣性的遊客中，日本人的比例已降低到趨近於零。我脫口說出，日本人若在這裡，他們的穿著化成灰我也認得。

「化成灰！」小汪失笑，「哪有那麼誇張？旅行的日本人不可能消失啦。可能只是這種熱門景點，他們應該早就來過？」

「來過這裡的日本旅人一定很多。但是，更年輕的日本人也會來吧？」我說。「可是一個都沒有。我已經很久沒有看過，一百萬預算環遊世界的日本人了。」

「一百萬？台幣？」

「日幣。這還是妳告訴我的。妳忘記了？」我說。「妳說，除了在夏威夷和峇里島頂級飯店流連的富裕日本人，還有另一群節省到極限的年輕人，他們大學剛畢業，可能在超商和麥當勞打工半年，存夠一百萬（日幣，約二十多萬台幣）就離職環遊世界，挑戰花完前可以旅行多久。通常這筆錢，日本人可以在國外活一年。」

「我都忘了！」小汪說，「日本人很極端。他們可以超潔癖，也可以超邋遢。他們把髒亂視為苦行，在印度，韓國人和台灣人通常會穿跟在自己國家一樣的衣服，但日本人在那，則是完全地嬉皮風。」

「說到潔癖，我剛開始旅行時去了印度。日本人非常多。在印度的沙漠中露宿一晚，隔天一起床，就看到身旁日本人換上了嶄新的白襯衫。我以為襯衫是新買的，但他說：『我八個月都只穿這一件』但那看起來就像剛買的！」

「人家只是規矩好，跟潔癖沒關係吧？」

「還有還有，不是只有他才這樣……」

不知何時，話題變成交流日本旅人的傳說。「我也是！我在印度的時候遇到了一個八十歲的老爺爺，和七十歲的老奶奶一起旅行。他們到任何地方，都要先鋪好報紙，才能把包包放在上面！如果是自己坐的我可以理解，但是，背包不就是會髒的東西嗎？」小汪越說越離奇，「還有，在背包客棧內遇到的日本人，全身上下只有身上穿的一套衣服，然後只用一個爛爛的布包放錢跟護照。沒有相機、沒有手機、沒有筆記本、沒有牙膏牙刷、沒有肥皂跟洗髮精！當我遇見他的時候，已經旅行好幾年了。他是我那時候遇到的旅行之神！」

「那他只有身上穿的那件，洗澡怎麼辦？」

「連身上的衣服一起洗。然後走一走就乾了。沒有內褲。」嘖嘖稱奇的我，也不甘示弱分享我遇到的旅行之神。「我遇到的旅行之神是中國人。在那時候大部分中國人都還是新手的時候。他已經去過三分之二個非洲，而且旅行十五年了。他也沒有相機。」

我又想到了一個。「在 EBC 遇到一個大學剛畢業的日本人。當我問他為什麼不雇用 Tour Guide 的時候，他露出的表情，就像在說：『別鬧了，單人登聖母峰基地營，沒有人在請嚮導的啦』。」

「不會啊，怎麼會？不熟的山道請嚮導是必要的吧？」小汪說。

「當時的我聽了，還對於自己雇用當地嚮導這件事覺得有點遜。畢竟基地營路線單純，而且一路上山有很多山屋，登山的配備算是很完備。有時，請嚮導只是像買個保險一樣的心情。但路上遇到的日本人，沒有一位請嚮導。後來我才恍然大悟。」

「哦？為什麼？」

「前往聖母峰基地營要從加德滿都坐飛機。若不坐飛機，就只能從加德滿都坐公車往東到盡頭，然後再徒步七天，才能抵達魯卡拉（Lukla），也就是傳統基地營路線的起點。若走那七天不請嚮導，基地營又怎會需要呢？」

「原來如此。」

「也因此，不會有嚮導告訴他們，要在哪裡停下來。理論上，他們可以在一天內攀登超過一千五百公尺的海拔，而那很可能引發高山反應。在海拔三千公尺時追趕過我的日本人，在我攀登到四千的時候，他已經從山上下來了。想想，這實在是很危險的事。在那裡健行的安全範圍，是每天向上三百公尺的海拔。我不是要說他們無知或盲目，我只是要說，在環遊旅行的日本人中，冒險的基因可能更強。反而我們，在世界各國的背包客中，應該算非常守規矩。這不是壞事。」

「雖然，聽起來比較不帥？」小汪問。

「這樣就好。安全第一。」我說。「雖然，魯莽也是旅行的本質。可以大膽但後果自負，本來就是這樣。只是我最後一次在旅途上遇到日本人，已經是三、四年前的事了。」

「我最後一次看到日本人，是在兩年前。」旅伴說，「而且這幾年，我去的國家已不那麼熱門了。通常越冷門的地方，日本人比例越高。為什麼呢？」

「是啊，為什麼呢？」我一邊說，一邊經過獅子岩頗負盛名的鏡牆，還想著，這哪裡像鏡子了，連邊都稱不上。「還是這只是我的錯覺？是因為韓國人和中國人變多了嗎？」

「我不知道，」旅伴說，「我以前在路上遇到的那些日本人，現在大多回日本了。會不會是因為有些人常說的：『笨蛋，問題在匯率！因為日幣貶值，所以日本人都不出來，連這都不懂嗎？』」

「說這話的人才是笨蛋，」我不同意。「匯率頂多是推波助瀾。早在日幣貶值前幾年，日本背包客已經少很多了。那些說這話的人，要不是從沒有在旅行，就是這段期間變有錢，不再背包旅行了。」

我們一邊討論著這個謎團，一邊緩緩地隨著人流前進。好不容易，我們終於來到獅子的爪子前。從這一個平台往上走更加壅擠，但距離頂端已經不遠了。我們試圖尋找日本人的蹤跡，但仍然沒有找到。

至於穿著像台灣人的人……那就是台灣人。

頂層只剩下一片被磚砌基座所占據的廢墟。這裡據說是國王的居所，居高臨下確實氣派。但我想著，到底是多麼有被害妄想症的人，才想將城堡蓋在如此高的地方？而即使將都城蓋在這麼高的地方，仍然無法避免被攻陷。紅髮女孩說得沒錯「根本沒用。」

環顧周遭，穿著入時的人群，拿著自拍棒的年輕男女歡欣地笑著。那些曬得像脫水的茄子一般黑瘦、衣衫襤褸、穿著破T恤和印花褪色飛鼠褲的日本人，他們的棲地已經逐漸消失，在亞洲，也許只剩泰國、尼泊爾和印度，還能勉強找到零星的日本旅人。

I don’t care. 誰在乎日本旅人去哪裡了？

我在乎。「我只是覺得，」我說。「持續旅行的我們，身邊的旅人已經換了一輪。在旅行一開始，我只想談論生命的另一種可能、何謂永恆？何謂生命？但對我而言，在旅行中這類的討論，正逐漸走向結束。這幾年，與路上遇到的人更常聊到：『想要支撐自己一直旅行，需要賺多少錢？』或者『如何ＦＩＲＥ（有錢退休）？』或者『我可以從這裡批點貨回去賣呀』還是『現在背包客都在帶團』這類的話題。」

我確定，整個世代的背包客都變了。而我關注的事物，也隨之改變。

（拋下了高壓的工作與人際的倫理，選擇環遊世界的日本人，某程度是依循了藤原新也《印度放浪》一書追求的流浪精神，和石田裕輔《不去會死！》搞笑而堅持的熱血。也許對於日本人而言，旅行就是**要那樣**。是必須在出發之時就拋棄所有的嚴肅追求。但台灣人出國，並不需要拋棄那麼多事物，既是幸運，也是不幸。

日本人是背包客中的**金絲雀**，負責測定空氣的品質。若必須拋下一切來交換旅行，那其中想必包含非常珍貴的東西吧。）

我們如今更加關注，旅行是否可以跟所有事物一樣可以交易。我們拍影片、分享照片、開分享會、出書。總而言之，將經驗變現。這沒什麼不好。只是我始終沒有忘記，旅行的初衷，總是含在那些能夠被交易之外，沒有辦法跟任何東西交換，且難以估量其價值的事物。

獅子岩台階出口前，張女士正在跟幾個路過的遊客一起抬起右腳，靠在入口旁的一顆大石頭上做劈腿的動作。我跑過去，口中唸著：「跑跑跑，向前跑……」一邊做出假裝大跨步劈腿的動作。張女士和女兒都笑了。「你哪個年代的。」

雖然張女士自知無法跟我們一起登上獅子岩，但她在底下也沒閒著。若是以前的她，一定會像好奇的小孩一樣一路攀上去。她足夠自得其樂，所以會自己找事做。

也許一切都還來得及吧，我心想。還未到結束的時刻，也許。

這些來來去去的觀光客，像流動的水一樣帶來了活力。她覺得這裡有一種吳哥窟的氣息，帶有一種瘋狂的毒素，但是被來去的大量人潮驅散了。一種有毒，卻無害的氣息。

或許癌症本身是毒，但是找到對的方法，可以與其共存。

她一直在為死亡做準備。

但是，若能夠活下來的話……

她對於這個奢侈的想法感到害怕。

樂觀可以用來迎接死亡。但是若要用來重獲生命，那是否過度樂觀？或還不夠樂觀？

停止問沒有答案的問題，觀覽風景及走路，與經過的旅人打招呼。歡笑，可以驅散藉由自問自答而迷惑的陰鬱氣氛，即使那陰鬱，只有自己能看見。

6.7

可倫坡／迫近的危機

Colombo / Closed Death

車水馬龍的分岔路上，蝦販們一列排開叫賣魚貨，「可倫坡七區」成群的豪宅，上著光潔密實的白漆——這裡自古就是富豪、得勢政客們聚居的區域。每當父親盛裝出席晚宴時，都會讓她為他別上袖扣，而父親則一邊戲謔地套用「煩貼煩」這首老歌的調子哼唱：「天堂……莫如可倫坡七區……」

——麥可·翁達傑《菩薩凝視的島嶼》

賈米埃勒阿爾法清真寺 Jami Ui-Alfar Mosque

我在斯里蘭卡的住宿經驗，不同於在印度或東南亞所住的廉價民宿。在印度以及東南亞，通常可見入口前廳的櫃檯接待，在斯里蘭卡的旅行期間並沒有看到。取而代之的，是當地家庭成員在大門口迎接。大部分接待家庭的車子，就停在鋪滿草皮的庭院。

住在這些價格並不高的民宿，感覺就像沙發衝浪；就好像你住的不是廉價旅店，而是寄住在當地有頭臉的人家裡一樣。拿努瓦勒埃利耶的民宿來說吧——一棟蓋在小山丘上的殖民式建築，屋內有著許多精緻的銀器和工藝品。可以從牆上的照片看見主人一家的生活梗概。照片中的屋主、女主人和兩位女兒，據女主人所說，這兩位女兒一位在英國，而另一位在可倫坡就讀醫科。主人似乎是從事與茶有關的工作，因為這兩天出差，所以從頭到尾都沒有出現。穿著斯里蘭卡傳統服裝的女主人優雅地微笑著，細心的提醒我們，桌上的 Wedgwood 瓷器可以使用，而玻璃櫃中的銀器請不要使用。事實上我們也不會去碰比 Wedgwood 更珍貴的任何東西。更何況早餐和下午的點心，都由深褐色皮膚的泰米爾女傭負責，根本不需要我們動手。

而在剛抵達尼甘布下榻的那晚，只記得房間非常的空曠，還有女主人對女傭的口氣不太好。但是她對我們非常好。她慷慨地把女兒的房間讓了出來，還說：「沒關係，她現在在澳洲，幾星期後才回來。」似乎斯里蘭卡人去澳洲度假是司空見慣的事。

在加勒山丘上的別墅主人，是位黝黑、偏瘦，看起來略為憔悴的五十歲男子。因為下大雨，我們打算整個下午待在這間 Villa 般的民宿，在山間雨中的旅館露台度過下午時光。期間，他像個侍者不斷問我們「還需要什麼」，幾乎讓我們因為付出的費用太少而羞愧。即使我們說：「不用特別招待我們，什麼也不用」，主人仍親自送上溫熱的紅茶，十分殷勤周到。

但到夜間休息時分，從下方的一樓客廳邊間或地下室，傳來淒厲的咆嘯聲，且中間交雜著喃喃自語。一開始以為是發酒瘋，但那聲音太真實，雖然不覺撞鬼般可怕，卻只感受一種強行窺探他人隱私的尷尬。大約整整兩個小時，間或傳來男主人低沉模糊，像是在安撫病人的聲音。由於下午主人的表現實在太好，所以我們都不好意思去反應。

等到睡覺時間的前一刻，聲音突然消失了。到了隔天，我才問起屋主關於昨晚的聲音，屋主向我道歉，但不說事情的原委，我也就沒有再問下去。

我在斯里蘭卡居住的民宿，都帶有一部分英國，或荷蘭的過去。這座島嶼的殖民歷史，要在英國人離去很久之後，其分崩離析的後果才浮現。他們認同身為斯里蘭卡人而非英國人的身分，卻也憧憬於舊英國而非新斯里蘭卡的生活方式。

同為島嶼的子民，我想，我理解這種矛盾。

斯里蘭卡的人均收入並不高，但可倫坡市區，比想像中的還要都會化得多，就像是高樓沒那麼密集的曼谷。在斯里蘭卡的最後幾天，我們所住的民宿位於可倫坡七區，也就是俗稱的**肉桂花園**（**Cinnamon Garden**）。這個可倫坡最古老的區域，其名稱出自於葡萄牙人從十六世紀早期在此地的肉桂種植園。現在，這一區是國家劇院、獨立廣場、國立大學、各國大使館、國際會議廳、國家美術館、板球場、賽馬場和各式體育俱樂部的所在地。在這附近喝一杯咖啡的價格，跟在歐洲喝一杯咖啡的價格差不多。不需要花一個上午在這裡繞一圈，就能完全理解，能夠居住在此地的人，絕對是這個國家的天之驕子無誤。

接待我們的民宿主人，是一位擁有完美英式口音的三十歲左右男子，長的就像是僅僅擁有黑皮膚的劍橋划船隊員一般，相貌堂堂。而處理訂房事務的，是一位年約六十歲穿著斯里蘭卡傳統沙龍裙，上身穿著白襯衫的「管家」。

早上我們在屋內用餐，在屋主從房間出來的時候，老管家會把帳本（或者一本記錄跟訂房事務有關的本子）拿給屋主過目。他看了一下，然後跟我們聊了大約十五分鐘，便出門去辦事了。他告訴我，他不是一直住在這裡，只是暫時在這裡有事要做。這宅子是他父親先前居住的寓所，所以他不會把它出售。

我看著這一個上午他們的互動，就好像觀看某種**戲劇表演**一樣。

街邊操作縫紉器材的工人

虎視眈眈的「巨靈」

與非洲相同，斯里蘭卡的道路、港口等基本建設，是中國資本挹注的結果。他們提供資本在斯里蘭卡南部的漢班托塔（Hambantota）建立港口。這些規劃大多來自親中的前總統馬欣達．拉賈帕克薩（Mahinda Rajapaksa）。在他任內向中國借貸的巨額借款，因無法償還不斷飆漲的利息，被迫將港口的權利和周圍土地以九十九年為期限租給中國，如同過去的香港一般。

同樣的，在可倫坡中心區的加勒菲斯綠地（Galle Face Green）填海造陸而成的「可倫坡國際金融城」，一樣的大型開發案，也因為同樣的問題而被迫以九十九年的租用權利抵押給債權國。

從市中心最時髦的老荷蘭醫院為中心，走在街道上，隨處可見最新開發案的基地，以及高掛在街邊的巨大帆布看板。意圖取代英國與荷蘭所建造殖民城市景觀的，是無所不在的中資摩天大樓。最具代表性的，是天際線上一支獨秀的顯眼地標，外觀造型如仿製上海東方之珠的「蓮花塔（Thaamarai Kopuram）。」

而中心區最著名的歷史建築——嘉吉與米勒大廈，一棟優美而氣派的荷蘭式建築，雖然外觀保存完好，但立起磚紅色外牆之上的公司招牌，已在原有的英文招牌外，掛上了「中國銀行 Bank of China」的金屬字體。如此顯眼，是為了讓所有對母國資金急需且初來乍到的中國商人們，絕對不會在可倫坡不熟悉的街道上錯認或迷失。

這座全亞洲簡體中文招牌增長最快的城市，在拉賈帕克薩任內，長驅直入這座島嶼的資本，在其因選舉失利而改朝換代後，一切又被重新評估。

因政權更迭而流入再流出的鉅額資金，使可倫坡這座城市，像一位暴飲暴食後又極速瘦身，在暴食和厭食症之間擺盪的一位病人。但只要去過非洲，就知道斯里蘭卡並不是特例——幾乎所有非洲國家，和像是尼泊爾或巴布亞新幾內亞一樣貧窮而不受西方資本待見的國家，也有著相同的命運。這些國家在歷史上，第一次面對外界抱持興趣的中國，而缺乏越南、菲律賓和泰國，有長期和「北方巨人」打交道的經驗。

可倫坡不合常理的繁榮，伴隨著暴起暴落的不安。

嘉吉與米勒大廈，一棟優美而氣派的荷蘭式建築，如今已是中國銀行在斯里蘭卡的總行。

荷蘭醫院區，是可倫坡最時髦的購物區之一。

我記得，在離開前的最後一晚，我們在名列亞洲五十大餐廳的Minister Of Crab 大啖螃蟹。

菜單上用圖示呈現各種大小不同的螃蟹，並在旁標示其價格。

這價格完全超出我們的預算，我說。「我們是不是可以兩個人分一隻螃蟹，然後選這個，」我指著菜單最下方二分分之一磅的螃蟹圖案。「這個只要兩千盧比，可以負擔……」服務生兩次過來，我們都用「讓我們再看一下」擋回去，然後繼續計算，試圖拉近體驗與價位的距離。

十分鐘後，張女士指著菜單上從上面數下來第三個大小的螃蟹價格說：「就要這個吧。」

長輩說話了。「這個？！也不是不可以啦……」我說，「兩個人一隻的話，應該勉強可以負擔。」

「其實我本來就覺得可以啦，」小汪說，「我們一路上都沒花什麼大錢在吃上面呀！」

「每個人都有一隻。」張女士說，「都來了嘛！」

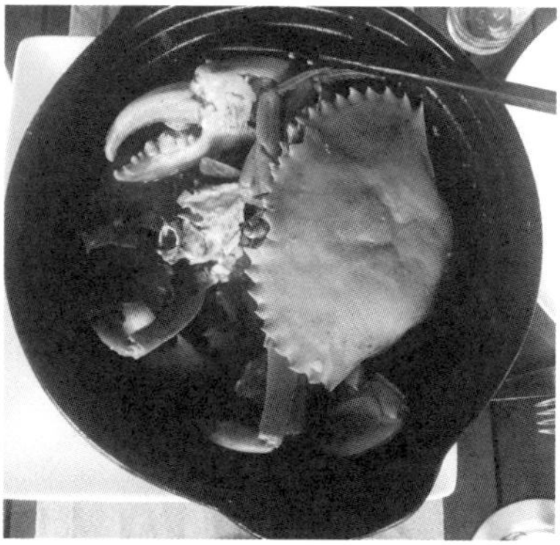

荷蘭醫院區的螃蟹餐廳。

「誒？」其實在場的我們都已習慣了儉省，幾百元的民宿和幾十元的路邊小吃也可甘之如飴。會選擇這家螃蟹餐廳，只是因為在可倫坡機場看見廣告燈箱而引起好奇罷了。我們都覺得體驗到就好，不一定得花大錢。

「但是我們等下要來做一件事。」張女士說，然後從包包拿出信用卡，一臉促狹地對她的女兒說：「這是妳爸爸的卡，等一下螃蟹上桌，我們記得要來錄影給爸爸看喔。」

等到螃蟹上桌，手機架好，張女士開始從像是從背台詞到被附身的演員一般開始說起：「過去我們祖先每天下田，辛苦的耕作，到了我們這一代，在這個工商業社會每天打拼，因為爸爸努力賺錢，我們才能在這個國家享受這麼一段美好的大餐……來，現在讓我們一起說～謝～謝～爸～爸～」

「謝～謝～爸～爸」眾人齊聲。

「爸爸是不是沒有聽到？再來一次～謝謝爸爸～來，把蟹腳舉起來！」張女士同時也把信用卡再次拿起，在手機螢幕前晃來晃去。我們笑得前仰後合。

至少在我們吃螃蟹的那一刻，癌症暫時消失無蹤。面對迫近的危機，唯有歡笑可暫時驅離。

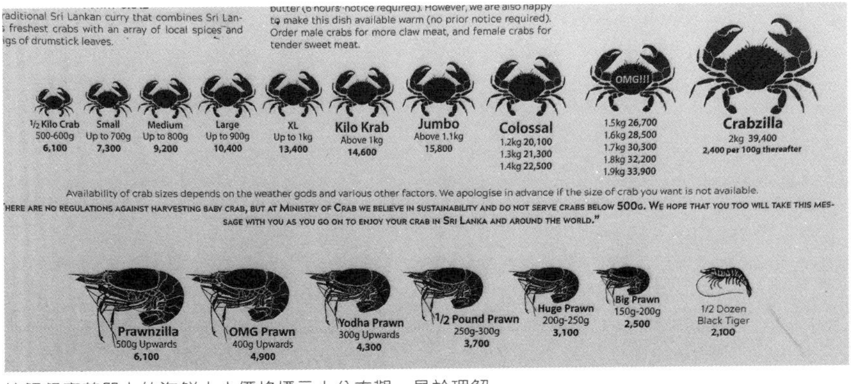

螃蟹餐廳菜單上的海鮮大小價格標示十分直觀，易於理解。

7

阿曼

乳香的沙海

OMAN: SAND OF FRANKINCENSE

「沒有什麼是注定的。（Nothing is written.）」

——扮演T.E勞倫斯的彼得．奧圖在大衛．連的電影《阿拉伯的勞倫斯》裡的台詞。

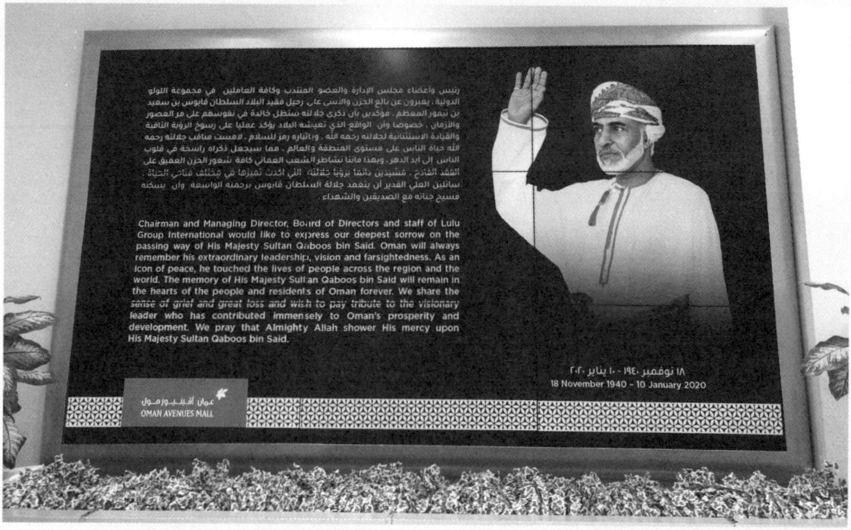

離開馬斯喀特前的最後一晚，已在位四十九年的阿曼國王卡布斯·本·賽義德（Qaboos Bin Said）駕崩了。

卡布斯國王，在位時間是全世界排行第三長的國王，僅次伊麗莎白女王和前任泰皇拉瑪九世。一九七〇年，年輕的王子為了將國家帶入現代化，發動政變，罷黜了自己的父親。在他任內，阿曼從全國僅六英哩柏油路的落後國家，蛻變為擁有完整現代化港口、道路、醫院、學校及電信網路，廢除奴隸制度及鼓勵宗教自由，並開放大學和中東地區相對開放的媒體自由。

受西方先進教育的年輕國王，借用英國人的力量奪權，並依靠石油力量獲得發展資本。蘇丹卡布斯在位的近五十年間的經濟成長，雖不比杜拜一夕暴富的天方夜譚起眼，但就累積結果而言，也並不遜色太多。阿曼人的生活品質對比鄰國葉門可謂天差地遠，因戰亂而貧困的葉門人完全無法與之相比。

曾為阿拉伯半島上唯一民主國家的葉門，卻陷於阿拉伯世界最淒慘的境地，連注目度都還比不上同樣陷於戰亂的敘利亞……包含中東在內的世界許多角落，脆弱的民主所背負的代價，竟是**國家凝聚的分散**。

7.1 旅遊的平衡
Balance in Travel

在機場大廳，陌生、熟悉、且舒適的感受接連而至。陌生於阿拉伯半島的風；熟悉於以強勢油元為資源急速發展的回教世界；舒適於與台灣相近的緯度，及晴朗的天氣。

出境大廳旅客稀疏，以及與阿布達比或卡達比起來相當樸素的機場裝飾，可以用「清爽」來形容，這座機場在各方面的尺度都相當節制，這也似乎像阿曼在中東國家中的定位。

初次中東旅行的首選，幾乎不會是阿曼。也許因為這樣，這裡才特別吸引我——不需要與同樣的觀光客同時爭搶有限的房間、熱門的餐廳；甚至，還得排隊等候最佳的拍攝角度。

不少旅行老手到了後來，都專挑觀光客相對少的國家。一開始，也許只是因為大眾趨之若鶩的景點往往十分昂貴而擁堵，所以不得不避。其中也有少許旅人對此頗為自得——這就像是退休人士在旅行團吹噓「我已經去過一百多個國家，日本去到不要去了」的一種較不令人反感的版本。

旅人由於經常受限於預算，不得不總是選擇在淡季出發、不得不選擇觀光資源被低估的國家、不得不選擇人均收入低而生活便宜的地方、不得不捨棄飛機而儘量陸路進出、不得不選擇在一個國家待久一點而不是兩三天換一個國家。而在這種種不得不之中，除了對旅人來說能夠省錢，或者更融入當地這些對自己有利的優點之外，在這樣的旅行過程中，旅人往往察覺到，這種對大部分人略微吃力的旅行方式，反而是將金錢的養分真正送入當地經濟的微血管最有效的方式。

很少遊客會思考他們的旅遊對當地有什麼影響。他們只是來玩的。而且他們認為，自己只是「偶爾」造訪該處，至少對當地經濟也有小小幫助，怎麼可能對當地不好呢。

只是，當同樣想法的巨量遊客，在同一時間湧入同一處景點，這種「偶爾造訪」對當地的衝擊便極為巨大，對當地人來說難以負荷。

某年，造訪克羅埃西亞的古城杜布羅夫尼克。雖然還未到旺季高峰，但是從當地老人對於滿溢的遊客人潮顯露不悅表情中，理解到當地人還沒準備好接受日復一日被觀光客嚴重擠壓的生活品質。雖然，這些老人也可能是從物價翻倍的其他歐洲國家來此退休的移民。他們不希望在退休後成為觀光客的觀賞動物，像加德滿都斯瓦揚布寺肆無忌憚爬上爬下的猴子，等著人家來餵食物。況且，這些老人還不像猴子有避開觀光客目光的精

在馬斯喀特，濱海大道旁的市場是最熱鬧的地方，而當地人以外的遊客，並不多見。

力。杜布羅夫尼克雖是一個我會想再回去的地方，只是會選擇淡季造訪，這樣對當地人衝擊比較小。是幸也是不幸。幸運的是，觀光熱潮帶來的種種不便，當地人只需要忍耐幾個月；不幸的是為了這兩、三個月的收入，相關行業仍須維持全年的基本運作。旺季的高額支出再如何縮減，也不會跟著淡季零星遊客造訪所帶來的收入等比例的減少。為了能隨時容納最高的承載量，從業者必須浪費產能來維持。以冰島的狀況來說，因為全國人口五倍的遊客在旺季湧入，因此絕大多數有房子的人（或多或少地）不是已經改裝成 Airbnb，就是正在考慮收回房子改裝。

觀光業受淡旺季的波動特性，與股市的景氣循環造成的波動極為相似。依賴著單一特質吸引遊客的地區，當許多人都造訪過至少一次的時候，其高點也就戛然而止。冰島的觀光榮景讓某些有資產跟手腳快的人賺到錢，但是當熱潮退燒的時候，當地市場亦哀鴻遍野。

淡旺季的循環是觀光業的宿命，但古城或自然景觀，以及當地人的生活並沒有淡旺季之分。十二月的威尼斯觀光業並不會沉入海中冬眠到旺季再浮上來。我們只在非常限定的期間造訪某些國家，甚至只在某些時刻出國。我們只去某些擁有夢幻美景的熱門景點，而忽視許多不常成為焦點卻同樣有魅力的地方。

反其道而行，有時更好。我們可以在旺季造訪冷門的國家，或在淡季造訪熱門的國家，如同在夏天節約用電，冬天節約用水一般。如今講究環保減碳，只要地點與時機適當錯開，旅行也同樣可以有某些「環保」的效益。所有人若都在同一時間造訪長灘島，對當地商家雖好，但環境卻不一定能夠承受。若遊客不是集中在某些熱點，而是分散探索整個國家，或許對長灘島觀光業本身不那麼好，但對其他地方的經營者來說卻是好事。

比起追求最大效益，旅游選擇上的均衡分配，也許對所有人來說，才是永續的做法。

疫情前十年，我們迎來了自助旅行爆發的時代。由社群媒體的資訊普及和廉航壓低機票推波助瀾，包含我在內的許多人第一次發現：原來，自助旅遊的人這麼多；原來，不是只去日本的人，也這麼多；原來，不跟團旅行，也很正常。

不過在旅人的同溫層外，一切都跟過去一樣。人們雖有更多出國的機會，但那些乏人問津的國家依舊乏人問津。若新冠病毒不曾大流行，將打開的蓋子，又硬生生地蓋了回去，關於旅游的平衡，根本不可能被重新思考。

疫情雖是災禍，但也帶來了休養生息的機遇，讓那些被方便、安全、便宜、舒服的概念綑綁的旅人，重新省思出行的意義。

我真正想要一生一次到訪的地方會是哪裡呢？這個問題在疫情期間，第一次認真地被提出。

旅行，並不只關乎**取悅我們自己**。我們選擇去哪裡、如何前往、如何消費，這一切都表明了我們對這世界投下的一票：旅行，是希望景點只要完全取悅我們就好，還是能夠和當地產生連結，以一種細水長流的方式互動？

7.2 馬斯喀特／海洋城邦
Muscat / The Coniche

我沿著馬特拉市集（Mutrah Souq）外的那條海濱大道走著。海港的風徐徐吹來，不遠處港口岸上並排著數座貨櫃起重機，旁邊的建築物上是卡布斯國王肖像的巨大帆布輸出。午後，在港口邊的人稀稀疏疏。開闊而現代的港邊美景，對當地人來說只是平凡無奇的日常。不需要路標，在矮巷中隨意走走，要是找不到就抬頭，望著高高聳立的堡壘，往那方向走去，自然會找到入口。

聳立在面前的，是突出於嶙峋的火山岩之上的馬特拉堡（Mutrah Fort）。

成功越過好望角的葡萄牙航海家達·伽馬（Vasco da Gama）因為在海難中受到阿曼水手救助，才能再次重整旗鼓，並經由阿拉伯半島抵達印度。葡萄牙航海家們就此揭開了大航海時代的序幕，卻將其對馬斯喀特的占領，作為這些恩將仇報的歐洲暴徒的酬賞。高踞岩山之上的馬特拉堡壘，便是在葡萄牙人占據的期間內所建造的。

就算在這座國外遊客密度最高的城市，觀光客仍然不占主導地位。除了從其他阿拉伯國家來的遊客外，歐美人大多是派駐杜拜或阿布達比的外商人員。我們一起沿著狹窄的旋轉梯步上堡壘的頂端，城牆上復古的葡萄牙大砲與二十世紀的機槍砲台並列，但一點也沒有反映出戰爭的肅殺，反倒是凸顯這一切的平靜，成了登高俯瞰海灣景色的最佳場所。

所有人在城牆上吹著相同的季節風，同時拍下濱海大道的繁華市集景色與清真寺後方荒涼的山壁，與巨大遊輪停泊的港口。一對壁人在堡壘的城牆上依偎著，有如電影中的一幕，就只差還沒做出電影「鐵達尼號」的經典動作。那像是一幅畫，夕陽照射堡壘邊牆反照黃金光芒的筆觸色彩下，以藍黑染料一般的遠方海洋為背景，對比出兩人閃爍的剪影。

此情此景，讓我甘心成為背景的一部分，不欲做個喧賓奪主的旅人。

這座城市從西元前開始，在數百年間，從幾位漁民的聚居點蛻變成一座知名的貿易港口。西元一世紀的希臘地理學家托勒密，稱此地為 Cryptus Portus（隱藏的港口）。但它實際上並不十分隱蔽，不然也不會被歐洲人奪去。與占據此地百年的葡萄牙進行了激烈戰爭後，阿曼人在十七世紀奪回這座港口，並以此為樞紐，將阿曼蘇丹國的疆域向外擴張延伸，一直至東非的桑吉巴爾島。

二十世紀初，日不落國在此地獲得絕大影響力，但從未真

正將此地劃為正式統治的殖民地。由於背靠阿曼海岸諸城市的山脈成為與內陸的天然屏障，因此千年以來，世居此地的阿曼統治者皆與阿拉伯半島的鄰居們在地理上隔離。也因此，得以自外於阿拉伯半島諸國在一戰後，因歐洲國家間的權力平衡而任意分割領土所產生的歷史遺留問題。

他們的傳統和阿拉伯半島上的鄰居略有不同。因其身後高聳的山脈與沙漠連成一氣，阿曼人為謀生必須面向海洋，因此建立起長久的海上勢力。這讓我想到明末中國東南沿海，由浙江外海月港、雙嶼一系列相承於廈門、澎湖及大員的鄭氏海商王國。

長期面向海洋所獲得的訊息，使得阿曼人數百年以來能收集到第一手資訊來對應歐洲人的崛起，並在其中調適自身生存的平衡。或許阿曼從大航海時代直到工業革命以降的殖民時代所受到的衝擊，在回教諸國中相對較小。而相較起阿曼，地理位置相近的鄰國葉門卻沒有那麼幸運。中東最少戰亂的國家，和中東最飽受戰亂摧殘的國家比鄰而居。

一道國境線，分隔了兩個世界。

由馬特拉堡壘俯瞰海灣

公車沿著濱海大道，在國家博物館正門的廣場前圓環停下。廣場的盡頭，就是阿曼皇宮的所在地。濱海的皇宮看來不太安全，但在戰術上，真正的守備力量是在包圍王宮兩面岩山岬角兩處的堡壘。這裡使得守衛者能一眼看見由遠方而來的威脅，並隱藏皇宮的位置。若兵力太巨大，皇室可以快速地往內陸或海上逃離。處於低處且隱蔽的皇宮位置看似處於戰術的不利點，但這才是當時的最佳選擇。

在夜晚的公車上，滿滿的都是南亞諸國的移工。這些移工們穿著格子襯衫和長褲，有時圍圍巾，就和我在印度和孟加拉看到的當地人一樣。而在當地經商居住的南亞人通常會穿著寬鬆的長衫和寬褲。至於菲律賓男人穿著T恤、女人穿著緊身褲，對我們來說更是熟悉。

他們雖然居住在這裡很久，但沒有公民權，未來也不太可能會有。相較起來，土生土長的當地人很容易辨認。阿曼人雖然戴頭巾、白袍和涼鞋，但沒有沙烏地人固定住披散紅白頭巾的黑色頭箍（稱為Iqal），光是這個差別，就讓阿曼人顯得隨性許多。

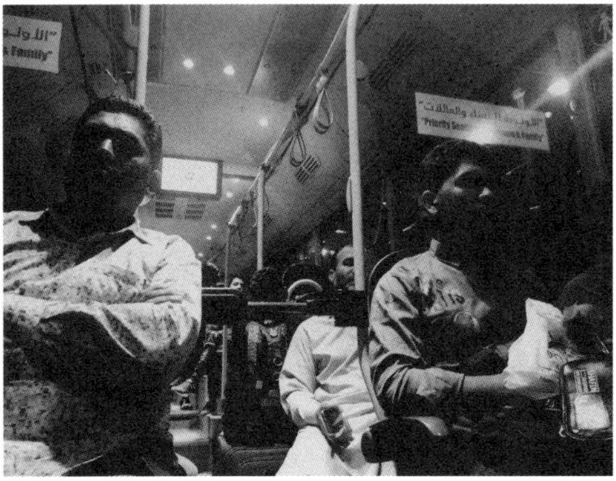

南亞諸國的移工，
在夜晚的公車上。

阿曼，作為以石油而致富的阿拉伯半島諸國之一員，也許不像杜拜那麼極端依賴外來工作者來推動運作，卻也擁有相似的結構：遍布於各行業的外來人口，構成了這個國家的主要勞動力。阿曼擁有如此廣闊的國土，卻只有四百萬的國民。所以，填補這片廣大土地的任務，就落到以印度人為主的移工，他們，構成了在這個國家旅行市井所見的大部分風景。我在阿曼最常接觸的並不是阿曼人，更多是來自於印度、孟加拉、巴基斯坦，以及斯里蘭卡來工作生活的資深外地人。

南亞人在阿曼，不只在工廠、建築行業跟看護，而是遍及阿曼的所有領域。從旅館經營者到租車公司，在所有小生意的領域上，南亞人都是阿曼就業市場上的中流砥柱。

至於當地人，我們很難看到他們工作的樣子。在街上、在咖啡館裡，在超市裡的一家大小。我們看到的阿曼人，幾乎都是消費者，而非生產者。

因此我們旅程最常討論的話題，就是「阿曼人到底靠什麼生活？」

遊客最容易接觸到的各種服務業，幾乎都由移民所擔任。而阿曼人所擔任的職業，其實也就是我們生活中的較高階的管理或者需要高度教育的專業。當然，更多的是擁有資產的人。為數不少的阿曼人是老闆、地主、房東，是所有印度人、孟加拉人、巴基斯坦人和菲律賓傭員背後出資或提供土地的那個藏鏡人。

身為旅人，唯一最常接觸的阿曼人，是所有公共交通工具的駕駛（公車或計程車司機）。我不確定他們為何不將開車外包給印度人。我只能猜想或許，駕馭的快感，是阿曼人不願意放棄的一種愛好？

飄洋過海的移工，往往有群聚的習性。這是因為他們初來乍到，對語言及當地文化不熟悉，需要聚集起來彼此幫助的關係。以華人為例，像是早期華埠的廣東人、歐洲的溫州人，和遍布全美的福州移民一般，在阿拉伯半島地區，亦有很多互通有無的外來移民，而且群聚在不同領域。

首先，商鋪（尤其是金舖）大多是印度人的天下。就連馬斯喀特最有名的的傳統市集，也大都是印度人在兜售。來自南印的喀拉拉人在民宿經營，以及相關的高階服務業方面，絕大部分這次旅行所住的民宿，經理都是喀拉拉人。曾問過旅館經理，他告訴我們：因為喀拉拉教育水平高於印度平均，但是當地並沒有很多就業機會，因此過個海就抵達的阿拉伯半島，便成為他們討生活的首選之一。

其次，只要跟水有關的職業，都跟孟加拉人有關。造船廠勞工就不用說了，船舶駕駛方面，孟加拉人獨占鰲頭，就算坐遊船行程，船長與船員也大半是孟加拉人。

另外，其他的職業，像是麥當勞等速食店店員，菲律賓人的比率很高。同樣地，也有為數不少的菲律賓女性擔任看護或其他服務行業。巴基斯坦餐廳，在整個阿曼都找得到。由於同為回教徒，巴基斯坦人所烹調的美食，跟大多數中東人的口味比較接近。

在阿曼經濟起飛的五十年過程中，有錢的阿曼人，雇用了貧窮而靈活、勤奮而聰明的南亞人來輔助國家的建設。阿曼人容忍了過半數的外來人口，來創造了經濟規模的成長。

由衣著來區別出阿拉伯人/非阿拉伯人涇渭分明的外觀，降低了民族同化的機率，不知是否如此，阿曼人對於這麼高比例的外來人口，「國家可能被竊占」的剝奪感並不強。也或者他們可以利用簽證的緊縮來控制同化的速度吧？

始終緣慳一面的國王清真寺（Sultan Qaboos Grand Mosque）預定到訪的那天，因為國王過世而封閉。在半個月後的第二次到訪，則因為時間上有所延誤，抵達時只剩五分鐘，因為必須遵守嚴格的服裝規定而無法進入。

這在伊斯蘭國家很正常。就算沒有成功觀訪，我還是覺得這樣做很好。也許，對宗教的信仰，抵禦了庸碌的物質生活慾望與一味追求財富卻不知為何的茫然。

在阿曼待了近一個月，最大的感觸是：「在這個國家待久了，想必會很無聊吧？」酒吧就不用說了（除極少數地方之外，不可能存在），購物中心、書店、（民宿傳統、觀光景點之外的）博物館跟藝文表演場地除了首都之外趨近於零、封鎖 line 的使用（不知道為何）以及很多西方文化的娛樂網站（比如線上看電影或漫畫的網站）等等諸如此類，以一個人均收入接近已開發的國家而言，娛樂方式卻不成比例地低。

在阿拉伯世界，信仰，以及國家象徵的國王代表的一切，一直以來都占據了缺乏娛樂所留出的那塊空白。

在阿曼，看著無所不在的巨大岩山，心中屬於巨大之物的一部分歸屬感會被喚起，那跟宗教十分地相似。越是看來貧瘠的地方，心靈的重要性越是不言而喻。

國王已逝，新的未來會將這個國家帶往何方，沒有人可以預料得到。

7.3 尼日瓦，內地省／因為它就在那裡

Nizwa, Ad Dakhiliyah / Because It's There

尼日瓦的羊市

位於市集旁的羊市，每週四、五在尼日瓦市集城門旁的圓形涼亭舉行。拍賣開始前，當地人坐在涼亭中央約四十公分高的圓形水泥臺子邊緣，觀看著被拴在涼亭周圍的紅色鐵欄杆上，年齡、品種、顏色各不相同的羊隻。潛在的買家們會預先留意自己所心儀的羊隻，並與交易者詢問有關羊隻的種種問題。交易者們一邊回應潛在買家，一邊打理自己的羊，同時也打量其他交易者的羊群，掂掂自己在這些競爭者中有多少斤兩。買家會檢查羊的牙齒或身體周圍有沒有傷口，或者拍拍肚子，還會捏一捏牠們的**睪丸**——這是他們最在意的地方了。

若只是要買回家宰殺，根本不需如此大費周章。這裡所拍賣的羊隻大多是種羊，也就是牧羊人們的生財工具。健康的羊隻代表抵抗力強，所生出的後代可

由尼日瓦堡俯瞰城區。

以減少各方面的問題。

他們並沒有很多的時間來確認羊的每一處，羊主們往往也會隱藏起羊隻的小缺陷。因為每個微小的狀況，都會被拿來討價還價，而讓價格變得不漂亮。

沒有任何預兆，交易者們由低聲交談突然轉至高聲爭論。夾帶著激烈的手勢，一位潛在買家正掰開羊隻牙齒，同時看見另一位買家走過來的羊主，突然粗魯推開那位掰開牙齒的買家，無縫接軌地迎接一走過來馬上以右手捧著羊睪丸的另一位買家，類似的手勢對話又再度開始，買賣間的劍拔弩張與迸往迎來的交鋒，中間一氣呵成的攻防，在場上所有買賣的人群中上演。

到了某個時刻，潛在的買家會逐漸分開，或站或蹲在中央的高台處邊緣和亭子邊緣，讓出一條環繞涼亭中央的圓型通道。

大部分的潛在買家，是穿著白袍的當地男人。但對我們來說最顯眼的，則是幾位以黑色面具蒙面，一身黑袍的貝都因婦女。所有買家都在通道兩旁或坐或站，摩拳擦掌準備開價，等待羊主人帶著他們的羊隻魚貫步入通道中央，預備開跑。

這是一場羊群的時裝秀。

羊主們牽著如時裝模特兒般的羊群，繞著中央一圈圈地展示。在走動的時候，不僅僅只有外觀、年齡、顏色種類的不同，每一隻羊完全得以呈現自己不同的個性。一頭黑羊脾氣倔強一直往邊緣衝；而另一頭羊跳躍靈動，毛色跟個性都像德國牧羊犬；還有一頭白羊才剛看到群眾就發抖，以致於主人必須硬將這頭羊在地上拖行。

牠們是羊皮血骨的主人，個性像人一樣豐富。如果把羊換成黑奴，大概中世紀的奴隸市場就差不多是這樣吧？在阿拉伯世界中以海上貿易聞名的阿曼王國，在十九世紀因禁止奴隸交易而沒落之前，這樣交易奴隸的方式持續進行。

與某些觀光地區不同，許多慕名而來的攝影愛好者，和單純來旅遊的觀光客在現場的各種拍攝行為，似乎並沒有給他們造成任何困擾。甚至，某些方面還暗暗地受到歡迎——在這個已擁有所有富裕國家都具備的生活配備的人而言，略帶野蠻與懷舊的傳統商業交易，是阿曼人日常娛樂的一環。因分布在廣大土地的人口過於稀疏，阿曼人對於面對面交流這件事，比習慣於人口密集的亞洲人更加珍惜。這可以從高潮結束人群慢慢散去之時，即使是沒

尼日瓦的羊隻拍賣，熱烈地進行。

賣出羊隻的賣家臉上，仍可看到一種運動後的滿足表情得到證實。比起賣羊所獲得的進帳，過程對他們而言還更為重要。他們不太會因為沒有成交而沮喪，但會罵罵咧咧，只因不識貨的買家太過混帳。

太陽山

在深達一公里的裂谷邊緣，承受著下腹部乘坐大怒神一般的搔癢，小心翼翼地接近突出的石塊。戰戰兢兢地在邊緣調整拍照的姿勢，一邊想著：「如果從這裡掉下去，一公里的深度是否足夠我背完九九乘法呢？」

清晨，出發前往**哈賈山脈**（**Al Hajar Range**）。

Al Hajar 意為「岩石」，而前往哈賈山脊的一路上，名實相符地，像是有某種力

量強硬地用灰褐色的沙，把質地粗糙的各種色澤石塊調和在一起，築成一片非人可建，古代城牆般的山壁，無休無止地橫亙在道路的兩面。我們的白色 Toyota Land Cruiser 以時速一百二十公里沿著貧瘠的河谷往前衝刺再衝刺……我們像一把阿拉伯彎刀，切入哈賈山脈的喉管，而被切斷喉管的神不會死去，流出還冒著熱氣的血蒸發成光，照亮了我們後方的道路。我以為我們最終能夠直直開上目的地，看見阿曼第一道曙光的山群頂峰──海拔三千公尺的太陽山（Jebel Shams）頂端。

但錯了。阿曼不是以登山產業聞名的國度。這裡所有叫得出名號，有所謂頂峰（Peak, Summit）的山岳都**沒有可能被攀登**。

由觀景平台上可以清楚望見山頂。深谷對面望去，山頂不過是一整片尚稱平緩的高原台地。沒有實際測量，難以目測實際「阿曼第一高峰」的確切位置。如果山頂上沒有軍事觀測站的話。那只是光禿的礫石和沙岩上兩個微小的白色突起，不自然地以人工的半圓弧線宣示著它的不可侵犯。

隔著道路的一邊是觀景台，而道路另一邊，一座紅白相間的信號塔聳立，前方靠道路邊緣則是一排販賣紀念品的石砌泥作棚屋，沒有任何設備，僅供販售擺攤之用。所販售的紀念品，又是一個我必須忍受的必要之惡。鑰匙圈、小錢包及磁鐵，尤其是令人費解的鑰匙圈。

這些中國製的，巨量、物美價廉的小東西……就算一生為西門町地王管理數百棟日租套房的雇工，大概也用不到這麼多吧。

我們總是希望帶回些什麼，跟我們千里迢迢難以抵達的經驗相稱。

但不該是這樣。比起快速生產大量廉價的東西，我們更著意尋找當地人不完美的手工，比方說編織的羊絨地毯，或是駱駝毛的拖鞋都可以。雖然「快速、大量以及沒有瑕疵」是很優秀的生產品質，但並未表現出生產的本質。

為誰生產？為何生產？追求大量生產而毫無瑕疵，追求獲利，排除客訴。

這一切都跟旅行追求的獨特產生了抵觸。

觀景台的邊緣一部分架了簡易的鐵欄杆，但它的作用不在提供保護，而在於宣示「這是個停車拍照的地方」，遊客們還是會在無欄杆，落差達千尺深淵的岩塊上做出各種姿勢拍照。而為何選擇這麼刁鑽的地方，大概是在於它沒有看起來醜斃了的欄杆吧。

高海拔的清冷空氣在陽光照耀下依然溫暖。同樣的光，使在強風吹襲下未曾絲毫動搖的壯麗山壁，在浮游的微塵顆粒下流動。沙漠很少被稱為壯麗，而山峰經常如斯壯麗，兩者經常被視為神聖，只是，沙漠在阿拉伯半島看似更常見得多。

這裡不興登山健行這一套。雖然各種文獻和探險家的回憶錄中，經常把阿拉伯民族描繪成在極端環境中堅苦卓絕的民族，但經過了幾十年，阿拉伯人的後裔們早將禁慾化成了富裕，把生活不可或缺的荒漠甘泉從水變成了汽油。若迷失在沙漠中，能選擇一台加滿油的荒原路華，肯定比選擇馱水的駱駝要聰明的多。

雖然要在這座山走走，也可以選擇最著名的國家步道W4路線，但那跟登頂是兩回事。到目前為止，這裡仍只有為數不多的歐美人，會在導遊的陪同之下從事健行。在網路上搜尋最近在此健行的背

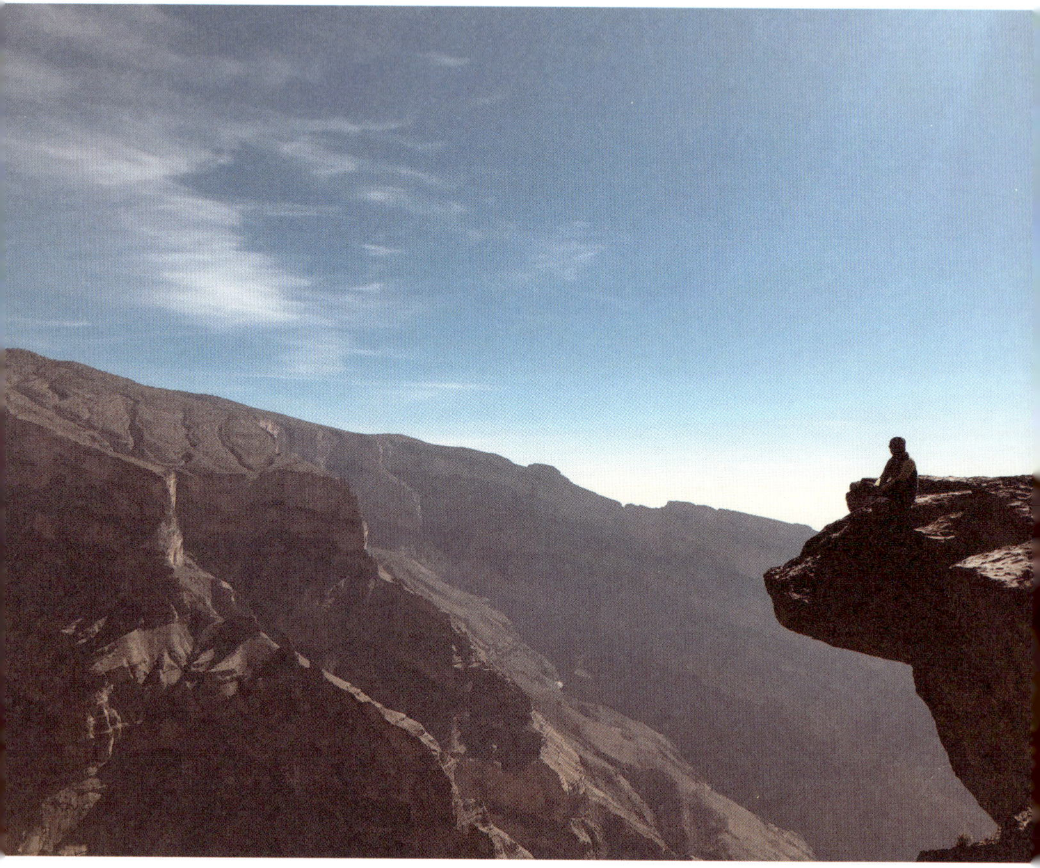

如果從這裡掉下去，一公里的深度是否足夠我背完九九乘法呢？

包客的留言及影片，最新的都已經是好幾年以前。實在無法斷定到底有多少阿曼人和外國遊客在此從事健行活動，只能說，如果當初若準備好健行，在這裡說不定會成為台灣第一人的遐想，縈繞在我心頭大概有三十分鐘之久。

唉，算了。

因為山就在那裡，那就下次再來健行吧。

畢竟，我不是**喬治．馬洛禮（George Mallory）**。

密斯法

離開太陽山，早上都還沒過一半呢。如果，密斯法（Misfat Al Abriyeen）是我獨自造訪而非經由當地人帶領，我不會留意到，沿著一整片椰林下的灌溉水道遍覽山村周遭的景色。

它貌不驚人的美，需要換個角度欣賞。因為我們和習於乾旱的他們，對水的價值觀不同。就跟我們跟孟加拉人對山的價值觀不同。對我們來說，水是理所當然存在的東西。但對他們來說，水是需要減省使用的珍貴資源。

周邊曾經與這裡一樣密集的幾個聚居之處，因其不便、因其偏遠，因其寸草不生而被廢棄。但我們仍然可以看見遠方茂密椰棗樹後方由傳統的黃土色覆蓋，至今仍有人居的更大城鎮哈姆拉（Al Hamra）。

我們前往那兒，在村莊入口的停車場停了下來。下了車，看見的是一棟棟由黃土色灰泥覆蓋著破損的泥磚與石砌邊牆交錯建蓋的房屋。整座村莊的房屋沿著高處的岩山之上一路往低處覆蓋，一片光禿的岩石山和遠方的荒漠連成一氣，只有村莊的周圍被椰棗和各種綠色植物包裹遮蔽。村中一座房子的屋頂，由乾草和樹幹架成類似我們頂樓加蓋的結構，只不過有著由頂棚垂掛著各式陶罐和手工藝拉胚裝飾，使整體看來樸拙而賞心悅目。當地人在此販售手工蜂蜜、陶藝品和各式精油。我們的司機兼嚮導阿布都拉，一邊帶領我們沿著村莊道路走向旁邊的草叢裡，一邊解說著村莊的獨一無二之處——**阿夫拉吉（Falaj）**，一種阿曼獨有的水道灌溉系統。

上古時期居住在阿曼山區的住民，發現位於海拔高處高山雨水沉澱的地下含水層。在雨量極度缺乏的山區，他們由含水層末端鑽井，並利用重力、岩層的間隙和坡度，將適度的水泵送過被精細劃分的渠道，進行最大面積和最少消耗的灌溉，覆蓋面積達到阿曼所有可用耕地的百分之三十。

雖然水道系統是精密工程計算下的產物，也因其珍貴被認定為世界遺產，但是對比起備受讚譽的工程奇蹟，水道本身看來不過是幾吋寬的「水溝」，跟我們小時候在稻田旁看到的水泥溝渠差不多。即便沿著兩旁茂密的椰棗遮蔭下的水道行走的我們，已經理解了它的價值，但它外觀的平凡，完全無法顯示這個工程在沙漠住民的生活中，曾具有無與倫比的重要性。畢竟我剛剛才看見阿拉伯半島最壯麗的峽谷景色。

看來最無足輕重，最微小的無形事物——水，養育了一代又一代的人。而被微小的事物養育的人類轉而尊崇山，賦予高聳的山成為靈性與壯麗的地位。居於底部的水才是人類得以存活並有餘裕欣賞風景的基礎。

7.4 沃希拜沙漠之夜
A Night In Sharqiya Sands

沃希拜沙漠（Sharqiya Sands）中過夜晨起的虔敬，不同於阿曼人對宗教的信仰；我所信仰的，是藉由旅行，創造豐富的體驗。其中一定會有什麼事物，會因此而撬動、鬆解開來。

在沙漠裡過一晚，能夠創造的體驗，沒有任何事物可以與之比較。除了，在沙漠中再過一晚。

魯卜哈里沙漠（Rub al Khali），意為**「空白的四分之一（Empty Quarter）。」**從查爾斯．道諦（Charles Doughty）到威福瑞．賽西格（Wilfred Thesiger），為著某種不知名的浪漫，沙漠似乎完整地繼承英國人在整個殖民歷史上的特殊關注。

葡萄牙、西班牙到荷蘭、德意志帝國都不像英國有長時間的餘裕，發展出殖民主義最精緻的形式：藉由反抗殖民來歌頌殖民，藉由完全融入亞非當地的歐洲偉大探險家來以批判帝國，強化帝國本身兼容並蓄的樣貌。

事實上，容許多元的批判來反思自身，正是帝國體質強健的表徵，當批判大英帝國的聲音減少之時，也是帝國榮光消逝的開始。

由尼日瓦前往沃希拜沙漠，所能得到的「建議」，是回到馬斯喀特尋求當地旅行社的協助。不然就得獨自包車前往，我們選擇了後者。阿曼不是一個適合窮光蛋獨自旅行的國家。你要不就很有錢自己租車，要不就多人一起分擔交通開支，或者認識佛心的阿曼人帶你出去玩，但是就得受限於主人的計畫了。

在前往沙漠的道路上，開始是稀疏的車輛以時速一百三十奔馳在多線的高速道路上，然後是更加稀疏的岩山包圍著縮減的道路，再到荒蕪的礫石平原。住在尼日瓦的司機載我們到某個沙漠邊緣的匯合點，那兒有著兩、三台SUV，清一色Toyota。穿著白袍，帶著Ray-Bon太陽眼鏡的當地人早在那等著。在一陣不知道為什麼兵荒馬亂交談的斡旋之時，載我們來的司機悄悄離開了。

這意味著，我們已經失去「不要」的選項，而只剩下「多少錢」可以商議了。

「每個人五十 Rio（約四千多台幣），可是我聽到的不是這個價格？」我問。

「那沒有含晚餐，這個價格晚上有晚餐。」他的回答很正常，但那個太陽眼鏡，使得說話的人顯得很油膩。

「晚餐十 Rio，有沒有搞錯？」我一邊說，一邊報告身旁等待的旅伴們。「印象中一個人在沙漠中住一晚預算應該可以抓在三十 Rio 左右吧。這個差太多了，怎麼辦呢？」

「那如果我們不要晚餐，可不可以再回剛剛的城鎮中心買個雜貨？」小汪說，「我們還可以像之前一樣，煮個麵什麼的。」

「萬一他不肯呢，他哪會放我們走？」「你問嘛，有問有機會啊。」小汪鼓勵我發問。

「好吧。」

他們大老遠駕車來此，只為在沙漠裡過一晚。

阿曼人不會耍這小手段。他請另一台車的司機載我們去雜貨店採購。我們真正採購食材大概只花了五分鐘，但花了近一小時逛了三家雜貨店，試裝各式廉價阿拉伯圍巾與廉價運動鞋，選擇沒看過的中東風格冰淇淋等，跟晚上採購完全無關的東西。等回到了沙漠邊緣，太陽已在我們身旁拉下一道長長的影子。這時帶著太陽眼鏡的男子已不在，另一位穿著格紋休閒褲的黝黑男子開車載我們到沙漠的度假村，而價格也變成了我們所要的，含晚餐和隔日早餐。

一切的問題都解決了，而我不知道這一切是如何發生的。

只要接受就行了。旅伴說。「旅行常常這樣，莫名其妙的發生，莫名其妙地就解決了。」

我看著滿手的食材。現在唯一的問題是，我們要拿它們怎麼辦？

那個甘地出生的邦

穿著格子襯衫，看來年紀不到三十的青年男子向我們自我介紹，他叫桑傑（Sanjay），來自印度，現在是這間旅館的主要經營者。

哇，年輕有為，他家境一定很不錯吧。

據桑傑說，他之前在孟買工作，後來因為創業失敗才來到阿曼。三個月前，他頂下了這間沙漠旅館的經營權，才剛開始經營沒多久。他歡迎我們來到這裡，有任何問題都可以跟他說。

印度人跨海求生的故事，在阿曼可說無所不在。感覺起來他似乎沒吃太多苦頭，言語中也沒顯示出絲毫的自豪，就好像跨海到另一個國家開一間旅館是一件「跟對方講好就好了」一般的事務……簽證呢？工作許可、居住證明、營利事業登記證、稅籍，這些台灣開公司必須要有的東西，我相信這裡一定也有吧？

「這就是你們今晚住的地方，兩人一間。」他依次介紹了沙漠旅館的帳篷、廁所以及基本的地理位置、我們可以移動的範圍，還有晚餐的時間等，「晚餐就是一兩個小時之後，你們可以趁夕陽西下之前上那邊的沙漠去看夕陽。」

看到自己拉長的影子，所有人都按耐不住地丟下行李，歡天喜地抓起相機和手機向沙漠奔去。

在電影《阿拉伯的勞倫斯》中，彼得奧圖扮演的勞倫斯被問到「為何是沙漠？」時，對於他人提出為何來此的質疑，勞倫斯回答：**「因為它們乾淨。」**

對那時還從未去過沙漠的我，當時完全不明白意思。不過這句話，自此之後就像一張卡其色的便利貼，黏在我心中某個明顯位置，一直到去過了幾個不同的沙漠之後，我才能夠慢慢以自己的方式詮釋，沙漠確實存在它自身符合「純淨」的特質。除了極端的乾燥和強烈的陽光，一望無際的單純與生物的缺乏，沙漠看似什麼都沒有的荒蕪，便是潔淨的暗示。

我踏著帶有潮濕感的冰冷沙子，在夕陽照射不到的地方，沙漠並不如想像中般的乾燥。有時潮濕的沙子黏上鞋底，不清爽的感覺會透過腳底傳上來，但很快我就忘記這種感覺。

在步上十數公尺的沙丘之上，看見從遠方照射的光線，越過我延伸到後方彼端遙遠的無限，我理解極端的潔淨正是什麼也不存在的空無。最初的回教徒是沙漠住民或許並非偶然，沙漠與伊斯蘭，有著先天的適配性。或者說，在沙漠中生活，啟發了伊斯蘭教對於「潔淨」概念鍥而不捨的追求。

結束晚餐，桑傑在被沙漠包圍的旅館帳篷前起了營火，這也是沙漠的標準配備。以前在印度齋沙默爾的邊境沙漠中，享受到的也是這樣。除了，這天的印度歌喉還沒上場。

「甘地出生的那個邦，叫什麼名字？」我突然想起了桑傑的故鄉。

「不准查（網路）！」小汪對著我大叫起來。在沙漠星空下查網路，太煞風景了。

「反正也沒網路。」好吧，我接受。去一個沒有網路的地方，不就是我們想要的經驗嗎？「以後這裡一定會有第一個裝網路的業者，但我提議應該處以……被錢砸死之刑。」

「到底是有多想賺錢啊？」我說。

「到底是有多想上網啊？」另一位旅伴對著我說。

桑傑好不容易才明白我們在熱絡地討論什麼。他正準備要告訴我們，以一種印度人天生的服務精神。「NoNoNo～不要說！」眾人大叫。我不確定那連珠砲似的No跟小汪拒絕印度的嘟嘟車司機的語調是不是同一種，至少聽起來很像。

我們在沙漠的邊緣玩起記憶遊戲。在座的所有人幾乎都去過印度，也至少都經過甘地出生的那個邦，而所有人也都剛好忘了那個邦的名字。

「就是那個印度的高科技重鎮……僅次於班加羅爾的……」旅伴F說。

「經濟在印度，人均是一般印度人雙倍以上。」我說。

「你記得這種事情，卻不記得那個邦的名字？」小汪說。

「對，我還經過這個邦去拉賈斯坦。」我說。

「拉賈斯坦都記得起來，為什麼隔壁的卻……」旅伴宜說。

「誰會去記那個啦？啊！好煩啊，就是以前考試的時候那個答案**就是記不起來**的感覺……那個呼之欲出的……」小汪抱著頭苦思。

「我記得阿美達巴德（Ahmedhbad，邦首府），我從那轉車去烏代浦爾（Udaipur）。」我說，有點想放棄玩這遊戲了。

想想我的沙漠印象，從一個人獨自前行，到兩個人，再到好幾個人結伴同行。沙漠都是一樣的沙漠；太陽都是一樣的太陽；營火也都是一樣的營火，只有人不一樣。而且隨著經驗增加，老練的旅人，越來越懂得如何讓自己在克難的環境中保持安逸。

我意外，花了一個小時在猜甘地出生的邦，大家竟然還沒失去興致。

看著星空好一陣子沒說話的大家，直到營火慢慢熄滅，一直在沉思的冷靜派旅人F，才突然走過來，湊向我，說了「**古吉拉特邦（Gujirat）**！」

她的神情充滿了一種如釋重負的得意，而我卻扼腕地大腿一拍。

「對啦！我怎麼沒想到！」

7.5 素爾、溝爾漢和河谷

Sur, Qalbat and Wadi Shab

濱海古城**素爾**（**Sur**）建成的最早記錄約在西元六世紀，由於與東非的貿易而興起。在十六世紀被葡萄牙人攻陷為止，此處一直以航海貿易聞名。據說阿拉伯世界的首席旅行家伊本．巴圖塔以及馬可波羅都曾經過此地區，同時，這裡也是辛巴達航海的故事舞台。

同樣的海岸經歷了千年，建築物與碉堡似乎並未改變太多，除了一座橫跨出海口的大橋。海岸邊仍然停泊了那些，被稱為**檣**（**Dhow**）的阿拉伯帆船。不管今天這其中帶有多少的觀光成分，對於中東唯一以海洋文化自豪的族群，造船，仍然是阿曼傳統中重要的一部分。

阿曼可說是阿拉伯世界中最平靜的綠洲。由於擁有海洋文化的外向性，使得他們在歐洲帝國主義肆虐最嚴重的時代，仍然勉強得以保留自身的主權。他們可能是中東國家中，與歐洲殖民者衝突最少的國家。大概如此，才擁有中東世界的調停者的稱號？

溝爾漢（Qalhat）遺址是我目前見過的世界遺產中，規模最小的。遺跡中唯一明顯的建築，是某位十三世紀王妃的陵墓。陵墓座落在海濱旁一小塊田地旁的高地上，從高地可以俯瞰大海。在那之前，我們越過空無一人的檢查哨，經過一兩個當地人，想著擦身而過時，我們是否會被攔阻。

沒有，什麼都沒有。

無人管理的世界遺產，對比著台地上落寞地俯瞰著孤單大海的陵寢。

我說，這裡倒有點像是從台東金樽衝浪店前一路通往金樽海灘的小道景色。

「一點也不像啊？」旅伴宜回應我。

旅人，宜

為了看看其他國家，那些跟我一樣掙扎的人們生活的樣子，我在多年汲汲營營於生計之後再度啟程。但是我也看著那些輕盈的旅人，彷彿靈魂隨著一次次的出走而脫離。

我常想，我不曾以那般自由的姿態存在，可能是我太晚開始，不曾留下大片空間讓旅行任意揮灑我生命的青春。

要說宜擁有流浪的靈魂，更貼切的說法是嬉皮的智性。

由於語速拖沓給人感覺有點呆萌的她，卻經常閱讀一些不容易懂的書籍。在去哥倫比亞前曾向她詢問當地的狀況而認識，那時，她才剛結束在哥國的半年旅程。第一次見到她時，她短褲下因日曬而健康過曝的深紅銅色大腿伸到椅子上，將我的視界開出了一個黑洞。我避免把視線盯在她肌膚上。我亞洲式的矜持，面對她拉丁風格的爽朗，顯然難以招架。但我知道，她不是一直都是這樣。她樂於接受，樂於被改變。那是與性無關的一種，閃耀的天真。

「妳這半年只待在哥倫比亞嗎？」

「這半年我去的地方不多，沒有特別去哪裡，只是在哥倫比亞，認識了一些朋友。」

「沒有特別想去周邊嗎？祕魯？厄瓜多？妳可是有半年的時間！」

「有啊！」她的嗓門很大，「但是我每次要去的時候，就有朋友邀約去玩，然後，我們就又去了這裡那裡，然後……時間就這樣過了。」但她臉上的表情滿足，沒有任何遺憾的樣子。對她而言，去哪兒並不重要。重要的，可以說是一種隨波逐流，或什麼都可以的自由。她可以去而不去，這種擁有卻不選擇的自由，是驅動她一次又一次出走的巨大吸引力。

有一陣子人們對於出發長時間旅行或流浪的那些人，話語總帶著細微的輕蔑，說他們不就是在「找自己」。雖然這個標籤如今帶有貶義，但是他們大致上也沒說錯。旅人們確實在找自己。這個「自己」大概是……錨定自己在世界這張棋盤上的位置。

流浪的靈魂．或是嬉皮的智性。

上次在東南亞的我，就是如此。我有很長的時間去想，下一步怎麼辦？然後回到台灣。我發現，怎麼辦，不怎麼辦啊，就活下去就好。**怎麼**辦的重點，在於怎麼**辦**。重點不是「怎麼」，而是「辦」。一直做，就會有辦法。

但過了一陣子，我發現這樣還不行。不滅頂還不夠，我需要知道其他人們如何像我一樣掙扎求活。

就算不上不下，但是不是還能用什麼樣的姿態，讓自己，活得更輕盈一點？

我不覺得擁有一種活著的姿態漂亮與否，錢的比重占百分之百。賺多點錢和買多些名牌本身沒什麼不好，但是當我想像那樣的狀態，似乎並不是擁有一切，就一定會有一個輕盈而優雅的狀態。反而有時候，那讓生命疊床架屋，負擔顯得更重了。

宜的職業是**外語領隊**。她跟我說，來到阿曼，才發現原來回教世界可以如此的安全、放鬆、清爽、舒服。

「誒，不是吧，」我說，「我之前去的回教國家都是這樣耶？」我們聊起先前去過的回教國家。

「都是帶團去的。」宜想了一下。「就那些啊。埃及、約旦、土耳其之類的。」

「都是觀光客多的地方。」我說。「伊朗、孟加拉跟突尼西亞這些回教國家對我來說，都很舒服。」

「那些國家，我都好想去。但是旅行團很少出那邊。」

「我以為妳都帶歐洲線。畢竟，歐洲對國人來說比較熱門一點。」我說。

「有啊！像捷克、匈牙利或克羅埃西亞……你知道嗎？歐洲線也有分喔！像我現在帶的大部分都是東歐跟周邊的路線，可是我其實最常帶的是埃及——請叫我**埃及小公主**！」她甜笑露出曬成褐色的酒窩，熱力四射。「我還不夠資深，還不能帶法國、義大利、西班牙這些國家。至於瑞士，是更資深的領隊才可以去帶的。」

「那，妳會想帶這些地方嗎？等妳變得資深之後。」

「沒去過當然好啊。」她語氣中似有所保留，「我其實不知道那些專門帶歐洲的領隊，也有『反正賺的比較多』的想法，但是也有真的就喜歡歐洲文化……我呢，埃及我喜歡、南美我也喜歡。之前去台東住了兩個月，還有蘭嶼。你去過的伊朗，我也想去，土耳其也好的。歐洲的話……現在好像還好。」

她小心翼翼，避免把自己跟只愛歐洲的那些領隊區隔開。因為以職涯來說，外語領隊的頂峰，就是帶時間長、小費多跟需要許多經驗和知識的西歐線。但事實上，宜一定意識到了自己跟他們的不同。她認為自己仍需要戴上力爭上游的鎧甲。但在我這樣的外人看來，她對於囤積金錢的遊戲，其實一點也不感興趣。她更像那些每天只捕獵自身所需食糧的原始部落獵人，在工作時聰明精悍，一旦獲得足夠的獵物，便會立刻拋開俗事出發流浪。

她沒有笨到不了解這個世界運作的原理，所以戴上面具，假裝自己仍力爭上游。人的價值，經常會建立在「**你可以囤積多少自己用不到的東西**」的標準上。

在阿曼，宜展現出兩種不同面向。一面是我的朋友，另一面是專業的外語領隊。她一邊放鬆自己遊玩，一邊也職業性地收集阿曼的資訊。也許之後帶團，或甚至規劃新團時用得上。這麼做合情合理。領隊似乎是適合她的工作，而且其實收入還不錯。能夠一直旅行，這也是她想要的。

但是這個工作的心理壓力極大。身為領隊，必須一人擔下團客們花了錢想要擺脫的一切，定型化契約存在的條件，和不存在的團員情緒，專業領隊永遠要概括承受。我也曾經考慮過，若以領隊為職業活下去的可能性。但是在了解過這個行業之後，我認為身為領隊，即便是身體處在流奶與蜜的天堂，心靈卻處於應對種種意外的地獄中。

對沙漠的住民來說，水是很不尋常的存在。一月，是阿曼雨季的高峰，但也僅僅只有一百毫米左右，對於生活在年雨量兩千五百毫米的台灣，一百毫米，或許只不過是一場豪雨的雨量罷了。居住在潮濕的綠色島嶼上的我們，很難想像他們對綠色與水的著迷。

唯有在 **Wadi Shab**，一座夾在懸崖間的低地峽谷，綠松石的泉水散布在乾燥的低谷間，由阡陌相連的灌溉溝渠連結在一起，構成難得一見的熱帶椰林與雄偉的礫石峭壁結合而成的壯麗景觀。穿透峽谷而來的光線，恍如透明的物理粒子，在空間中漫遊，這些隨時變動不居，卻似靜止的光，想像千年以來，一代又一代的人們以此谷地的水源灌溉作息，如同歷史在他們身上流過。我們沿著出海口的河谷中央往深處走去，直到水流盡頭是一片由岩石所合圍的碧藍色池子。在池子中，外國男女們穿著泳衣，如同在自家海灘邊嬉戲，這裡，肯定是阿曼最不中東的地方了。

宜火速脫下衣服露出比基尼跳下水中，明顯有備而來。而我和其他旅伴什麼都沒準備，我得脫得剩下尼龍內褲權充泳褲一臉尷尬地下水。

小汪在岩石上曬太陽，其他人僅膝蓋以下下水感受河水的清涼，旅伴F在拍照。同在水中的我看著宜游入了池子的最深處。她從彼端叫我也游過去。我游了過去。到了盡頭，是一個只要下潛就能游到對面別有洞天小池的岩壁。她選擇下潛，然後輕鬆地游了過去，像是沒有什麼可以限制著她尋求各種追求解放的經驗。她的解放非關於性，而是一種嬉皮的心態，一種渴望擺脫「一切」的慾望，但「一切」包含著什麼呢？

旅行不能擺脫一切，但已經是**最接近**的形式之一了。但宜會以此為滿足嗎？她也許算不上是流浪癖，因為她目前對擺脫一切的本能仍有抗拒。就算她擁有嬉皮靈魂，並不在意明天的生活。只要不至於餓死，隨時可以出發好幾個月的她，看似並不在意，但還是符合社會期待認真賺錢的她，實則追求沒有明天般的愉快，和像小孩一般任性的純真。

「這樣妳一定會很辛苦。」我被腦海中冒出的這句話嚇到了。沒想到同是旅人的我，竟也本能對她的生活下評斷。我隨即想：「那也沒關係吧。追求那樣的生活方式也許不容易，但我希望她能得到她想要的。」

而我想要的呢？也許只是滿足於看著不斷出發的旅人，帶給我更多的小小驚奇。

穿透峽谷而來的光線，
在空間中漫遊

7.6 穆薩旦半島／與海豚共遊

Musandam Peninsula / Visiting with Dolphin in Fjord of Arabia

清晨從穆薩旦半島的最大城市**哈薩伯（Khasab）**起身，睡了個好覺，甚至都沒聽見清真寺的晨禱。微涼的早晨，街上幾乎不見人影，只有遍布穆薩旦半島高聳而無所不在，巨靈般的岩山三面包夾。

岩山突起海平面可達兩千公尺，加上水下的一千公尺，形成了垂直三公里的岩層，保存了二億七千萬年的底層紀錄，這表示，我們在山中行進時，身旁伴隨的石頭可能會有億年以上的化石。而由於海洋的侵蝕，這個擁有極為不規則的海岸線與峽灣的地區，也被稱為「中東的挪威」。

旅館經理告訴我，所有到這裡的人只有一個目的，乘坐單桅帆船漫遊於峽灣。明天假日（星期五）坐船人會很多，以及這裡現在，可算是淡季。

確實，今天看到最大的觀光客群，就是在城堡看到的十餘名西班牙旅行團客。

除了坐船之外，市區並沒有太多可觀之處，除了一堆岩山之外。唯一可以稱之為景點的地方只有一個城堡了。以一個曾經占據著海上通道戰略樞紐的城市而言，城堡顯得相當迷你。不過這迷你，對我來說成了優勢。畢竟，想要看大的東西，看岩山就夠壯觀了，小，反而輕鬆。旅行都到了這個時候，可以輕鬆逛完的地方才最吸引我。

城堡中展示著一些過去所用的漁船，以及人們在編織、製作乳香以及研讀古蘭經的蠟像，與當地住民過去所住的民居（很容易聯想到蘭嶼的石板屋），還有九〇年代畫質的影片來展示當地人的生活。

這整個城堡以及其展示方式都蠻老派，是我喜歡的那一種，老東西還沒文創化之前的狀態。

萬里無雲的阿拉伯半島，要不是因為這片藍天，空無岩壁前的白色建築，會令我認為是自己是身處於月球背面清真寺的朝聖者。

在夢裡，我是位於月球背面殖民地（或地面太空站）的回教徒，負責如何重新定位麥加所在方向的問題。在月球繞地而行的不同方位上，無法只靠旅館或住家中標示的箭頭來指示正確的祈禱方向，我必須計算出地球與月球在特定時間的相對位置，然後讓所有人在那個時間祈禱。我那時認為，身為回教徒是比其他教徒更為麻煩的事，但也因其麻煩費事而更形光榮。

清真寺背後那座岩山，千萬年之久的動物化石，一整座巨大的墳塚，荒涼而充滿能量。宗教沒有告訴我們答案。但給了信徒更加原始的一種經驗。混合了對巨大的敬畏和未知的恐懼。身處於巨大的荒涼之中，思考各種假設性問題「如果我是他們將會如何」，或者生命、宗教，以及任何抽象而巨大的事物，會比在聲色犬馬的大城市及送往迎來的人際網路中保持思考要容易得多。

原始人看著自己所不懂的日月星辰，這些令人不能理解而極美之物才會給予他們刺激，在拚命想弄清楚「這是什麼？」的過程中，驅動了人成為除了活下去之外，有能力追求形而上事物的唯一物種。

但能力和意願是兩回事。今日的我們，有了各種專家為我們整理好，這些每個人都應該靠自己回答的事物。我們的生命似乎已經可以擺脫任何無意義的自問自答了。所有人自願選擇以娛樂填飽自己，

Dolphin Khasab Tours

被高聳岩山包夾的峽灣內，船隻顯得相形渺小

把思想交由專家，或者更容易消化（卻未必更正確）的網紅代勞。

Khor Al Sham

隔天來的船並不是想像中那種古典單桅帆船，而是馬達動力的木製遊船，是我在蘇爾造船廠所看見的那種，既不豪華也小得多的版本。由哈薩伯路旁的小港口出發，出海後旋即右轉，緩慢而穩定地向 Khor Al Sham，一個閉鎖式的峽灣通道駛去。由兩旁海中偉岸直立，曲折而狹長高聳的岩山，由某些角度仰視入口高而狹長向上隆起的巨岩，如同電影《魔戒（The Lord of Ring I）》中的**亞荀納斯巨像（Argonath Pillars）**。巨像般的峽灣擋住了海上波浪的擾動，使內海完全成為一個平靜的天地。兩旁高聳的岩山從五十公尺到四、五百公尺錯落，形成了不同的肌理起伏，由遠方看去光禿一片的岩石，接近後顯現出各式各樣的形狀和表情。

我煞風景地說，這是**「把草拔光的下龍灣的爸爸。」**

避開了星期五休假日的人潮，今天整艘船僅有七位乘客。其中三位，是從杜拜工作的空檔抽身來度假的上班族。據孟加拉籍的船員所說，通常會來這裡的，九成是從杜拜來的。因為杜拜開車來這裡，只要兩個小時。

難道他們不能在杜拜的海灘享受碧海藍天嗎？可以的，不過他們大概就是受夠了杜拜海濱那揮之

上圖：城堡中的博物館展示的事物。
下圖：清真寺及背後的岩山。

海豚會因為好玩而追逐我們的船隻。

不去的濃濃銅臭味才來到此處。因為這裡神的力量與其創作之間不存在中介。鬼斧神工的岩礁，就是他們從物質的世界中徹底脫離的證明。

我們有了赭黃色與各種淺米灰色交錯的岩山，掛上了無雲的藍天與同色系如鏡般平靜的海洋。如此美妙的地方，我們的行程，似乎還少了什麼？

幸好，在人類發現之前，海豚已經先發現了這裡。行程有說：可以看到海豚。

我原本認為那只是聊備一格，就像所謂的賞鯨，不過是遠遠地看到噴水，看的是水而不是魚。我沒有預期可以看到海豚會近到手幾乎快摸到的距離，也不會知道海豚會因為好玩而追逐我們的船隻。這表示，這裡對海豚而言是一個風平浪靜，沒有天敵的伊甸園，沒有捕食者也沒有想要吃海豚肉的人類。

何以見得？因為如果像《血色海灣》（The Cove）電影中的捕鯨行業存在的話，海豚早就逃走了，不會還待在海灣裡玩起跟遊客互相追逐的遊戲。

不時冒出海面呼吸的海豚，在我們被海豚吸引到船邊的時候，旋即鑽到船底下到另一邊。使得船上的我們一會兒往左，一會兒往右，衝了幾次後，已經不太確定是我們在跟海豚玩，還是海豚在玩我們？

在封閉而平靜的海灣內，我們在船上享受地中海式的平靜。乘客能做的事不外是跟海豚玩或被玩、浮潛（海膽多到無法接近岸上的程度，想必阿拉伯人不吃海膽）、船上午睡、玩牌（Uno），慢悠悠地在船度過無所事事的白日時光。

此時，同行的旅人們早已散去。只有我和小汪，在這片古老而人口稀疏的地方，開著出租車，在沙塵滿天的荒漠中獨自奔馳。偶爾望見天邊有一些黑黑的東西在動。試著追逐，原以為它們是蒼蠅，直到看到路邊巨量的蟲屍，才領悟過來它們是因飢餓而群聚，在毫無食物的荒原中瘋狂至死的大蝗蟲。

Jebel Harim & Khor Al Najd

女之山是穆薩旦半島的最高峰，海拔是兩千零八十七公尺。雖然以台灣的標準，這個高度連百岳都稱不上，但也就是這樣的天然屏障，使得穆薩旦半島今日仍屬於阿曼，而不是距離更近的阿聯酋。

因為此處從海上來此交流，比起從背面的山岳入侵要來得容易許多。

要上山，只能租四輪驅動的車子。這又構成了另一個阿曼獨遊的門檻。就算肯花錢獨自租車，還得敢開才行。山路上幾乎沒有平坦的道路，大部分是碎石子和掉落的巨石交錯而成的斜坡。必須非常專注地開，因為路的一面是峭壁，另一面，便

甲板上鋪著傳統風情的地毯和枕頭

是數百公尺的深谷。在這種環境中自駕是十分耗費精力的行為，若還有下次，或許報團前往就好。

山頂上有兩個圓形的建築，據稱是阿曼軍方相關的電信站，禁止一般人進入。我們把車開到接近到禁止進入的管制護欄處才折返。女之山並沒有什麼景點，除了中間經過一個叫Asya的高山小鎮。但即便沒有明顯的景點，整個駕車攀登的經驗除了驚險外，也有壯麗的無名景觀帶來的愉悅。

而另一個觀景點要好開得多。Khor Al Najd，是半島上唯一能夠從陸路接近的峽灣前端。由於連結各個獨立峽灣的道路並不存在，因此聯絡峽灣前端漁村的方式，幾乎完全只能靠海路。因此能夠靠陸路抵達的這個峽灣，也就是少數能夠居高臨下前往的寶貴場所。

Khor Al Najd，唯一能夠從陸地前往的峽灣。

世界上充滿許多無名，但絕美的地點。我不會說那是祕境。沒人去過的地方才是祕境，而這些地方早就為人所知，只是外人從不關注。

常常旅行到了一個景點，才發現那裡還有三十個景點尚待探訪。我們要的，並不是把這些地方都走完。

有時候，只要知道這世界是如此大得超乎我們想像，就夠了。

結尾

這本書中的任何評論及感想，並未以詳細樣本數和任何社會學研究方法為基礎。唯一的標準，只有來自於自身的觀察或主觀的感受。因此若書中傳達、暗示或顯露出任何帶有偏見的價值觀、誤解、歧視或遺漏，那問題一定是出自於我，而不是書中提到的所有國家、民族及個人所造成。

這本書紀錄了這幾年旅行過的國家：**菲律賓**、**衣索比亞**、**伊朗**、**孟加拉**、**哥倫比亞和厄瓜多**、**斯里蘭卡和阿曼**路上的經驗與觀察。

當我一開始前往菲律賓時，單純只是想找一個地方透透氣。說實在，我不知道我去菲律賓要做什麼。但隨著走過一個又一個國家，我發現自己無意識間，默默地選擇那些很少成為旅人首選的國家。

這些國家不因為戰亂而受人注目如**阿富汗**、**伊拉克或敘利亞**；也非同於定義上的傳統強國：**美國**、**英國**、**俄羅斯**；更不是所謂的觀光熱點：**法國**、**義大利和西班牙**。

說穿了，這些國家或許不熱門，甚至也沒那麼冒險。書中造訪的國家周邊，都有旅行熱點吸引旅人的注意力。菲律賓附近有越南及泰國，衣索比亞南邊是以動物大遷徙聞名的肯亞及坦尚尼亞，伊朗比起約旦的佩特拉和以色列的耶路撒冷，雖潛力豐富卻因地緣政治而被冷落。孟加拉比起崛起的大國印度，甚至巴基斯坦，都更不受重視。而比起有馬丘比丘的祕魯和天空之鏡的玻利維亞，哥倫比亞的行程通常會被推遲。斯里蘭卡近年來已成為適宜旅遊的熱帶仙境，但由於種種原因，使得這個國家仍然搖搖欲墜。阿曼數十年間戲劇性的增長，被沙漠中拔地突起的阿聯酋掩蓋了她的光輝。

這些國家，在未來十年內仍不太可能成為旅人的首選，除非所有旅人厭倦了旁邊熱門的鄰國。

步履不停

新型冠狀病毒如同巨斧，鑿出了人類出行史上最大的深淵。若出國旅遊需要抱著染疫決心去從事，那麼，除了極少數狂熱者外，剩下的人都會乖乖地待在自己的國家。

如何實行更加「環保」地旅行，這個議題似乎微不足道。病毒的出現反而弔詭地有助環保。不過疫情終會過去，不出門也不是辦法。在出行的零與一百種方式之間，應該還有很多選項。不管人類出外探索的慾望會不會造成更多的破壞，但可以確定的是這種慾望，不會有終止的一天。在科技和人性的水準能夠提高到讓環境自癒前，我們還是會留下人類不環保的足跡。要減緩對生態和觀光產業的破壞，端賴於我們能否欣賞冷門的景點，讓過多人到訪的熱點可以休養生息。

這不只是對於當地有好處，同時也確保在我們到訪的時候，能享受到更好的旅行品質，為此，我不在乎晚一點再去那些大家都想去的地方。

我希望能夠（盡量）當個無痕的旅人。克制破壞環境到它能夠自我恢復的程度為止。

而活下去呢？身為脆弱的個人，如何擁有一邊在路上而一邊活下去的能力？

我還是去考了或許永遠也不會用上的外語領隊執照，累積登山和野營的經驗。我不知道為了活下去用不用得到這些，但我意識到作為人類，除了極少數天之驕子外，我們都屬於比較脆弱的一方，而且永遠如此。

這個世界每個人分到的資源永遠有限。因此為了活下去，我們必得不斷向前，不斷學習。

國家圖書館出版品預行編目資料

啟程，同感脆弱的世界 = Departure from/to fragile world / 鐘偉倫著 . -- 初版 . -- 臺中市 : 晨星出版有限公司 , 2024.12
面； 公分 . -- (勁草叢書 ; 564)
ISBN 978-626-420-001-1(平裝)

1.CST: 旅遊文學 2.CST: 世界地理 3.CST: 人文地理

719 113017268

勁草叢書 564

啟程，同感脆弱的世界：

旅行並非旁觀他人之痛苦，而是感受他人之生活

作者 鐘偉倫
主編 莊雅琦
執行編輯 張雅棋
網路編輯 林宛靜
美術排版 沙海潛行
封面設計 沙海潛行

可至線上填寫回函

創辦人 陳銘民
發行所 晨星出版有限公司
407 台中市西屯區工業 30 路 1 號 1 樓
TEL：04-23595820 FAX：04-23550581
行政院新聞局局版台業字第 2500 號
法律顧問 陳思成律師
初版 西元 2024 年 12 月 15 日

讀者服務專線 TEL：02-23672044 / 04-23595819#212
讀者傳真專線 FAX：02-23635741 / 04-23595493
讀者專用信箱 service @morningstar.com.tw
網路書店 http://www.morningstar.com.tw
郵政劃撥 15060393（知己圖書股份有限公司）

印刷 上好印刷股份有限公司

定價 450 元
ISBN 978-626-420-001-1

（缺頁或破損的書，請寄回更換）
版權所有，翻印必究